日本調理科学会 監修　クッカリーサイエンス 004

お米とごはんの科学

静岡県立大学名誉教授
貝沼 やす子 著

建帛社
KENPAKUSHA

- 炊飯器本体（外鍋）には水を入れる。
  この水が沸騰すると内鍋に熱が伝わり，内鍋でごはんが炊ける。
  外鍋に入れた水がなくなるとサーモスタットが働き，スイッチが切れる仕組み。
- 4つの内鍋には米と水を入れる。
  加水量を変えれば，一度に硬さの異なるごはんが炊ける。
  　　　　　　（第3章　コラム（p.65）参照）

写真1　4分割の内鍋も使えた昭和40年代の自動炊飯器

色の付いたごはんあれこれ…

【写真提供　マツダ食品（株）】
（第5章3　酸味を生かすごはん
　　　　　　　（p.85）参照）

写真2　三ケ日みかん寿司

【静岡県掛川市加茂荘：庄屋弁当】
- 江戸時代にふるまわれていた接待料理をお弁当にしたもの
　　　　　（第5章　コラム（p.94）参照）

写真3　くちなしの実で染めたごはんを使ったお弁当

- ペースト状にした緑茶の微細粉末を炊飯時に混ぜ込み，緑色の茶飯に炊きあげる。
（第5章4　緑茶の色を生かした茶飯
　　　　　　　（p.90）参照）

写真4　研究の成果を生かして開発した商品

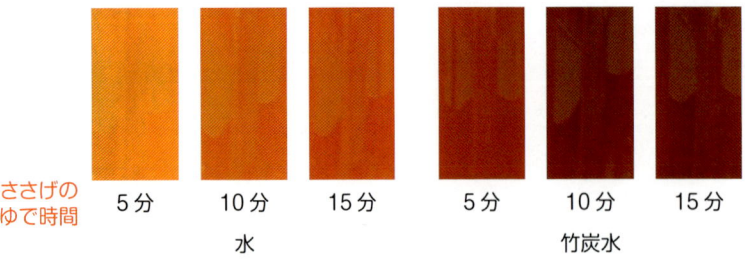

ささげの ゆで時間	5分	10分	15分	5分	10分	15分
		水			竹炭水	

● 竹炭水は竹炭を10倍量の水に入れ，16時間浸漬したもの。
● ゆで時間は，ささげを水あるいは竹炭水中で加熱し，80℃に達した時点からのゆで時間。
● 竹炭水でゆでたゆで汁の方が，また，ゆで時間が長い方が，濃い赤色となった。

写真5 ささげのゆで汁の色

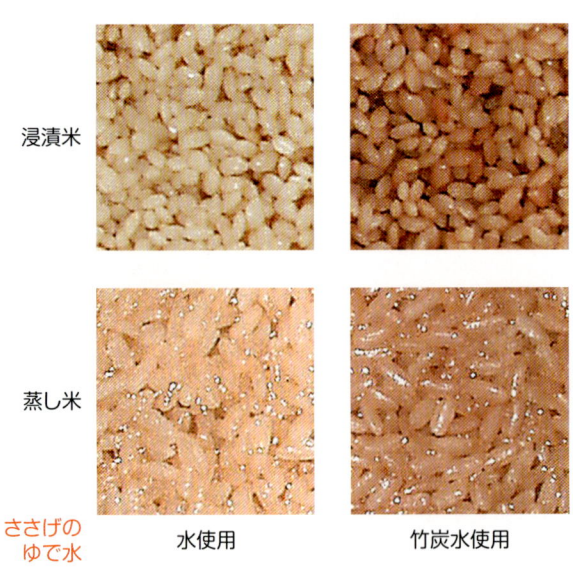

● 写真5の15分のゆで汁を使用。ゆで汁へのもち米の浸漬時間は60分。
● 蒸し米はゆで汁を完全に吸収させた浸漬米を20分蒸し加熱。
● 浸漬米，蒸し米ともに竹炭水使用の方が赤色が濃く，赤みの強い赤飯を作ることができる。

（第7章2　赤飯への着色効果（p.123）参照）

写真6 水あるいは竹炭水のゆで汁に浸漬したもち米と蒸し米の着色

まえがき

　ごはんにおみそ汁，焼き魚に煮物，おひたしなどが並んだ食卓は，今や昔懐かしい日本人の食卓のイメージとなりつつある。世界各地から集められた素材を使った多種多様な料理を多くの人が楽しめる時代になってきており，主食として位置づけられていたごはんの存在は影がうすくなってきた。米の調理をテーマに40年近く研究を進めてきたが，この変わりゆく時代背景は研究テーマの設定にも大きく影響するものであった。米料理に対する時代の要求を意識しつつ，最終的には日常の食生活に役立つ成果を出すことを目標に，研究に取り組んできたつもりである。本書では炊飯に関する基本的な事項を知っていただくとともに，多様な米の調理の可能性を示唆する研究事例を紹介する。

　最初に米の調理に関する研究テーマに出会ったのが，大学4年生の卒論であった。昭和40年代のはじめの頃である。自動炊飯器が登場して十数年経過していた頃で，まだまだ開発の余地を残しており，ごはんをおいしく炊くにはどうしたらよいかを解明することが，調理科学の研究に携わる者の当面の課題であった。これをきっかけに，炊飯に関する基礎的事項を解明する研究に20年近くを費やすことになる。半世紀近くを経過した現在では，炊飯器の機能も年々向上し，当時は夢物語であった機能が確実に現実のものになっており，感慨深いものがある。

　年号が昭和から平成に変わる頃には食の外部化現象が強まってき，ごはんを買う時代に入っていった。消費者の手元に届くまで

の間に，ごはんが硬くなってしまう老化の現象をどう抑制するかということが懸案事項となっており，このことにも取り組むことになる。結局，ごはんをおいしく炊くコツを確実に実行すれば，ごはんの老化も遅らせることができることを証明する結果となり，基本となる炊飯方法がいかに大切かを思い知ることになった。本書を通して，おいしいごはんを炊くコツをご自分のものにしていただき，実践していただければ幸いである。

　米に水を加えて加熱すれば白いごはんに炊きあがるが，調味料を加えて味を付けたり，天然の食材の色で染めたりと，炊きあがりの状態をいかようにも変えることができるのも米の魅力である。本書では緑茶の緑，柑橘果汁の黄色に染めたごはんについての研究事例を紹介しているが，これらの研究は地域発の新商品の開発につながった。また，米をつぶして粉にすれば，粒の場合とは違った調理を楽しめる。本書では水を含ませた状態で磨砕した米ペーストについて紹介した。米粉とは違った性質をもつことに是非注目していただきたい。米の消費量を増やしていくためにも，米の多様な可能性について多くの方に考えていただき，米料理を楽しむ新たな提案が生まれてくることを期待したい。

　40年間の研究データを今回の企画に合うようにまとめるのは，大変難しい作業であり，果たしてこれで理解していただけるような情報提供ができたかどうか不安であるが，このような形で研究成果をまとめる機会を与えていただいた日本調理科学会刊行委員会に御礼を申し上げます。また，編集に携わってくださった建帛社編集部の皆様に感謝いたします。

2012年7月

貝沼やす子

目 次

第1章 日本人にとっての米　1

1. 2000年以上にも及ぶ稲作の歴史 …………2
2. 主食としての米 ………………………3
3. 水が育てるイネ ………………………5
4. 減少する米消費 ………………………6
5. 米への回帰 ……………………………8
6. バラエティーに富む米料理 ……………9

第2章 米についての基礎知識　11

1. 米の種類 ………………………………12
   1. ジャポニカとインディカ　12
   2. うるち米ともち米　14
   3. いろいろな品種　16
   4. 新しい米の登場　17
2. 米の構造と成分 ………………………18
   1. 米の組織構造　18
   2. 部位で異なる成分組成　20
   3. 玄米飯のメリット・デメリット　22
3. 糠をとる ………………………………23
   1. 搗精（精米）　23
   2. 無洗米　25

3. 胚芽精米　*26*

4　米の保存 ……………………………… 26
　1. 保存中に米は変質　*26*
　2. 低温保存で変質防止　*29*
　3. 精白米の冷凍保存　*29*
　4. 不測の事態に備える米―備蓄米―　*31*

5　品質表示とトレーサビリティ …………… 32

第3章　ごはんを炊くポイント　　37

1　米を正しく計量する ………………… 38
2　米を洗う ……………………………… 39
3　水の量を決める ……………………… 41
4　水を吸わせる ………………………… 45
　1. 少なくとも30分，できたら2時間　*45*
　2. 酵素が活性化する湯浸漬　*47*
　3. 吸水を遅らせる調味料添加　*50*

5　熱を加える …………………………… 51
　1. 水温を上昇させる―温度上昇期―　*52*
　2. 水とともに激しく沸騰―沸騰期―　*55*
　3. じっくり沸騰状態を継続―蒸し煮期―　*56*

6　最後のしあげ ………………………… 58
7　保存後もおいしいごはんの条件 ……… 62
8　正しく使おう炊飯器 ………………… 64

第4章　ごはんを科学する　　67

1　でんぷんの糊化 ……………………… 68

2　でんぷんの老化 …………………… 70
　　3　米の成分とごはんの食味 …… 75
　　4　米のおいしさを機器で判定 …… 76

第5章　味や色の変化を楽しむごはん　79

　　1　しょうゆでしっかり味付けごはん …… 80
　　2　素材の味や色が生かせる塩味ごはん … 84
　　3　酸味を生かすごはん ………………… 85
　　4　緑茶の色を生かした茶飯 …………… 90

第6章　お粥の調理　97

　　1　お粥の種類 …………………………… 98
　　2　消化されやすいお粥は？ …………100
　　3　ふっくらお粥とさらさらお粥 …102
　　4　ゆきひら鍋はお粥向き？ …………103
　　5　お粥の食べどき ……………………104
　　6　ごはんからのお粥 …………………106
　　7　お粥の保存 …………………………109
　　8　1人分をパック炊き ………………112

第7章　米の調理への竹炭利用　117

　　1　糊化促進・老化抑制効果 …………119
　　2　赤飯への着色効果 …………………123

第8章　ごはん以外への利用とその可能性　129

　　1　米粉としての利用 …………………130

1. 米粉の種類 *130*
   2. 米粉の調理 *131*
 2　米をペースト状にして利用 ……………133
   1. 米のペーストとは？ *133*
   2. 米ペーストの特性 *135*
 3　小麦粉調理における代替利用 …………137
   1. パンへの米ペーストの利用 *138*
   2. 麺への米ペーストの利用 *143*
   3. その他の調理への米ペーストの利用 *144*
 4　多用途米の活用 ……………………………147

さくいん ………………………………………………… 149

第1章
日本人にとっての米

登呂遺跡
(弥生時代後期の農村の姿を残す集落遺跡)

1　2000年以上にも及ぶ稲作の歴史

　私たち日本人は，古来より米を主たる食料とする食生活を営んできている。**高温多湿な気候条件に合うイネは日本の風土に合った穀類として定着**し，たっぷりの水をたたえた水田に一直線に植えられた早苗が織り成す風景は，日本の初夏を代表する光景である。その後真夏の太陽をしっかり受け止め，豊かに実を付けたイネは，やがて穂先をたれ，収穫の時期を迎える。黄金色に染まった田んぼの景色も見応えのあるものである。

　イネの原産地はインドから東南アジアにかけての丘陵地帯とされており，ここから日本に伝播し，日本の気候風土に合った作物に育成され，日本の**主要穀物**としての地位を不動にしてきた。日本列島にどこから稲が伝来したかについては諸説があるが，中国中部から華北・朝鮮半島を経て北九州に来たという説，中国の華南地方から琉球列島，奄美大島の島づたいに北上して九州に達したとする説，揚子江下流の江南地方で栽培されていたジャポニカ種が直接または一部南朝鮮を経て北九州へ伝来したとの3説が有力であるとされている。

　日本への伝来の時期は縄文時代の末期，今から2400〜2500年前と推定されており，その後日本列島を縦断する形で各地に伝播していったとされる。弥生時代までには本州のほぼ全域に普及し，稲作技術が進んで米の生産力が上がり，富を蓄えた階層を中心にした社会体制が確立し，国家が成立していったと考

えられている。邪馬台国に始まり、大和朝廷を経て次第に拡大していき、時の権力者が国を支配する体制が江戸時代まで続いてきた。

稲作の歴史は自然との戦いの歴史でもあった。自然災害に強い品種を選択しながら、**品種改良**が進められてきている。あわせて収穫量の多い品種を開発し、米不足に対応することを目標にしてきた。また、稲作技術の進歩に合わせ、機械化に対応できるよう、背丈の低い短稈タイプの品種が好んで栽培されるようになった。

その後の高度経済成長期には食生活も豊かになり、主食を米に頼らない世代が増えてきた。その結果、**米消費における良質米志向が強まり、品種改良も多収穫品種から良食味品種へと転換してきている**。

稲作の痕跡を証明するプラントオパール

イネ科の植物にはケイ酸が多量に含まれている。この植物ケイ酸体をプラントオパールという。イネが枯れてもケイ酸の一部は細胞の形を保ったまま残っているため、プラントオパールの存在が、稲作が行われていたか否かを証明する手だてとなる。

2 主食としての米

私たちの食事の伝統的なスタイルでは、米を炊いたごはん

に、肉や魚を使った**主菜**と、野菜類を中心にした和え物や煮物などの**副菜**や**汁物**がおかずとして配置されている。ごはんからは炭水化物が、主菜からは主にたんぱく質が、副菜からは主にビタミンや無機質が摂取でき、この食事スタイルは、1日に必要とされる栄養素を含む食品がまんべんなく配置できる優れた方法であり、誇るべき食事スタイルである。米は食事で摂取するエネルギー源となる主たる食品であることに加えて、いろいろなおかずを組み合わせて食事全体のバランスをとることができるという役割も果たしており、このような諸々の意味を込めて**主食**と呼ばれる。

私たちの祖先が米を主食として選んだことで、米を中心にした多くの文化が形成されてきている。いろいろな生活に関する

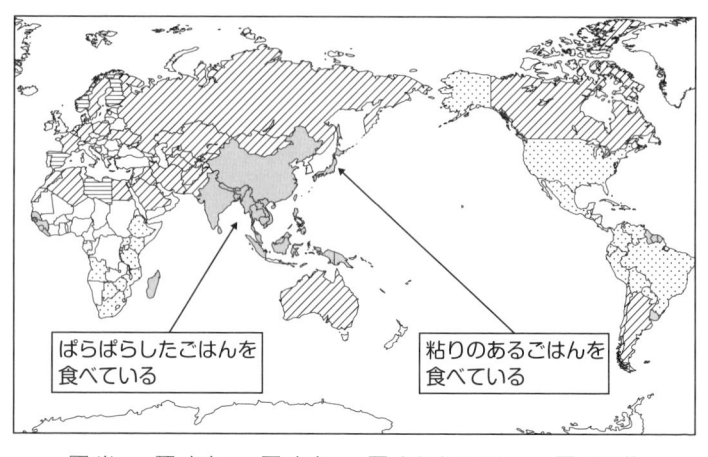

図1-1　世界各国の主たる作物

行事も稲作に由来するものが多いときく。**日本人が選んだ米は，粘りが強いため，箸を使う食文化が形成されてきた。**箸使いに関しての細かい約束事があるのも日本独特の文化であろう。世界には粘りの少ないぱらぱらした米を主食とする国もあり，これらの国では手食文化やスプーンを添える文化が存在している。小麦を主要穀物に選んだ地域では，パンや麺を食べる食文化を形成しており，**それぞれの風土にあった主要な食料がそれぞれの国の独特の食文化の背景にある**のは大変に興味深いことである。このような視点に立って，米の役割を再確認することが求められる時代になっているようにも思われる。

3　水が育てるイネ

　稲作のほとんどは水を貯えた水田という特殊な環境の中で栽培される。田植えを前に田んぼに水を引き，収穫が近くなると水を干すという水の管理が田んぼでは行われている。温暖湿潤な気候の日本列島は，険しい山地と狭い平野によって構成されており，雨が降れば雨水は一気に川を流れ下り，洪水を引き起こす。この水を貯めて管理できる点から，**日本の水田はイネを育てる場所でありながら，優れた灌漑設備としての機能も果たしている**のである。

　この自在な水の管理は，先人達によって培われてきた高度な技の結晶であり，稲作の歴史は水利土木技術の進歩と相まって，大規模な灌漑方式による水田開発が行われてきた歴史でも

ある。弥生時代の遺跡には，すでに水田の跡が発見されており，2000年以上も前から洪水などの災害から人間の生活を守る役割も果たしてきたものと考えられる。日本ではほとんどが水田であるが，アジアの国では水の供給は自然任せという所も多く，収量は少ない。

　また，水田は，一定期間水を張った状態でイネを生育させた後水を干す作業が入るため，連作障害の心配がなく，毎年同じ田んぼで米を栽培できるというメリットもある。**日本の風土にあった水田での稲作は，これからも大切に守り続けていかなければならない**のではないかと思う。

「うきイネ」

雨期には大量の雨が降るタイやインドなどでは，雨の量が増えても沈まないよう，1日に数cmものびて，全長4〜5mにもなるという背丈の高いイネがあるという。

4　減少する米消費

　明治時代以降，米の生産と消費は大きくレベルアップしたといわれているが，現在は食生活の洋風化が進み，主食の座がパンや麺などの小麦粉製品にシフトしつつあり，**ごはんを食べない世代が増え，米の消費人口は減少した**。また，1人当たりの消費量も減少の一途を辿っており，今から30年前の1981（昭

和56）年頃は，1人当たりの米の年間消費量は約86kgであったが，2010（平成22）年には約59kgとなり，30年間で30%程度減少した。この消費量の減少を受けて，農地に対しては**減反政策**が課せられ，耕地面積の減少に伴って生産量も減少していき（図1-2），結果的に**食料自給率の低下を招くことになった。**水田が減少することで，日本の国土を守るはずの灌漑機能も欠落していき，豪雨等による大災害を引き起こす要因になっていることも危惧されている。

　この米消費量の減少分は，肉等のたんぱく質の多い食品や脂質を多く含む食品の摂取量の増加で賄われており，バランスの悪い栄養状態から引き起こされるさまざまな生活習慣病の増加が心配されている。ごはんに主菜や副菜等のおかずを組み合わせて作る，日本固有のすばらしい食事スタイルが崩壊し始めて

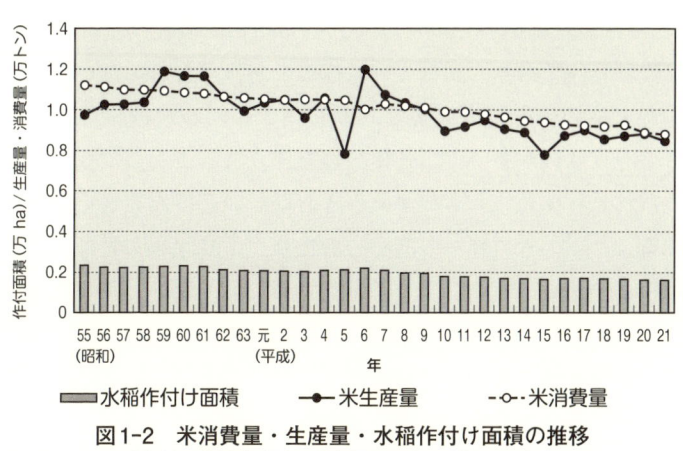

図1-2　米消費量・生産量・水稲作付け面積の推移
（資料：農林水産省：「食料需給表」「作況調査」）

4　減少する米消費

おり，主食としての米の位置づけが曖昧になってきている。ここで改めて主食としての米の役割を確認し，日本の風土にあった米を食生活の改善に生かすよう提案したい。

5 米への回帰

おいしいごはんのある食生活を

　米を積極的に私たちの食生活の改善と充実に活用していく方法は，"ごはん"に着目することである。**自動炊飯器**の開発によって簡単に"ごはん"が炊ける時代になり，誰でも"ごはん"のある食生活は可能である。パンの代わりに今までよりちょっとだけ多く"ごはん"を食べれば，米の消費量を上げることができ，田んぼを減らさずにすむ。一人ひとりのこのような意識が食料自給率の向上にも貢献できる。

　"ごはん"はおいしければなおさら結構，現代は量より質を求める時代であり，おいしい品種の米が喜ばれる。しかし，食味が上位の米を買えば必ずおいしいごはんが炊けるかというと，そうはいかない。自動炊飯器を使うにしても，炊く際に求められるコツというものがある。**おいしいごはんを炊くコツを知る**ことで，米料理への関心も深まり，米料理を楽しむことができる。

　また，最近は米を粒で食べるごはん食には限界があるとして，**米粉を使ったいろいろな料理**が登場するようになった。粒食以外の食べ方の検討も米の消費拡大には有効であろう。米粒と米粉ではその性質が全く異なるので，米を使った全く新しい

食文化の出現もあり得よう。

6 バラエティーに富む米料理

　日本のごはんは，米に加水した後加熱し，炊きあがった時点では水がすべて米に吸収されている，**炊き干し法**という方法によって炊飯される。加水量に制限が生じるため，限られた水分を使って芯(しん)がなくふっくらした状態になるよう加熱しなければならず，ごはんをおいしく炊くには高度な技術が求められる。第二次世界大戦後に自動炊飯器が開発され，火加減等に苦労することなく，器械任せでごはんが炊ける時代になった。

　一番基本となるごはんは，米に水を加えただけの**白飯**であるが，調味料を加えて味を付けた**塩味ごはんやしょうゆ味ごはん**，さらにそこに具材を加えると，いろいろな**炊き込みごはん**ができる。炊き込む材料も，春はたけのこやグリンピース，秋はくりやまつたけなどを使い，季節感を楽しむ一品にしあげている。炊きあげた白飯に合わせ調味酢を加えると**すし飯**，米に対する加水量を白飯より増やすと**お粥**になる。また，外国の米料理の手法を取り込んで，一般家庭でもよく作られる米料理では，白飯を炒めて作る**炒飯**(チャーハン)，米を炒めてから調味して炊きあげる**ピラフ**などがある。

　さらに，炊きあげたごはんは茶碗や皿に盛ったり，おにぎりにしたり，のりで巻いたり，葉っぱで巻いたりとさまざまな形態にしあげて，いろいろな組合せを楽しむことができる。多様

な米の調理を主食に生かせば，そこに合わせるおかずにも広がりが期待でき，食生活の充実につながる。

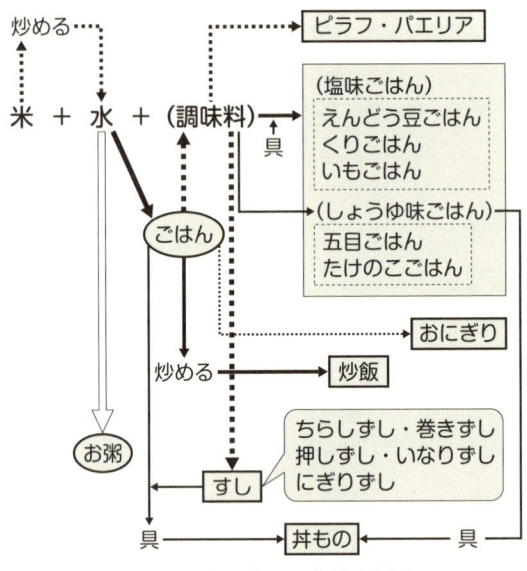

図1-3 米を使った多様な料理

●参考文献●
- 富山和子：日本の米—環境と文化はかく作られた—，中央公論社，1993
- 井上ひさし：コメの話，新潮社，1992
- 厚生労働省，農林水産省：「食生活指針」「食事バランスガイド」
- 農林水産省：「食料需給表」「作況調査」

第2章
米についての基礎知識

秋, 収穫を待つ稲

1 米の種類

1. ジャポニカとインディカ

現在世界で栽培されているイネの大部分はオリザ・サティバ（oryza sativa）というアジアで栽培されたイネで，**インディカ（インド型イネ）**，**ジャポニカ（日本型イネ）** などがある。インディカは籾の実の形が細長い長粒米で，**長粒種**とも呼ばれる。ジャポニカは私たち日本人が食べている米で，丸く短粒であり，**短粒種**とも呼ばれる。**米の主要な成分であるでんぷんは，アミロースとアミロペクチンで構成されている**。そのでんぷんのアミロース含量はインディカが25％前後であるのに対し，ジャポニカは20％前後と低く，この違いは炊きあがりのごはんの状態に影響してくる。インディカはぱらぱらした炊きあがりで，粘りがなく，日本人好みではない。ジャポニカは粘りがあ

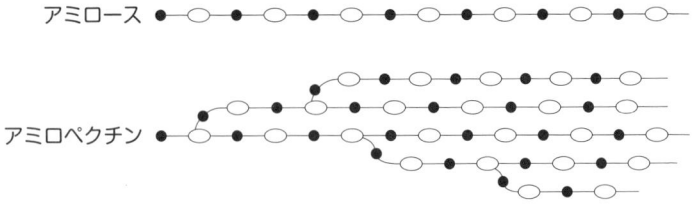

図2-1　アミロース，アミロペクチンの模式図

り，**アミロース含量が少なくなるほど粘りが強くなり**，私たち日本人にとっては良食味米となる。

　世界の米生産量は5億トン，生産量が最も多い国は中国で1億万トンを超えている。次いで，インドが約1億万トンでこの2つの国の生産量は群を抜いて多い。続いて，インドネシア，バングラデシュ，ベトナム，タイであり，2,000万トン〜3,500万トンの生産量である。その他の生産国も合わせて9割以上がアジア諸国である（図2-2）。また，インディカ系とジャポニカ系に分けると，圧倒的にインディカ系が多く，ジャポニカ系は日本・韓国・中国・台湾およびアメリカの一部，オーストラリア等で生産されるにとどまっている。

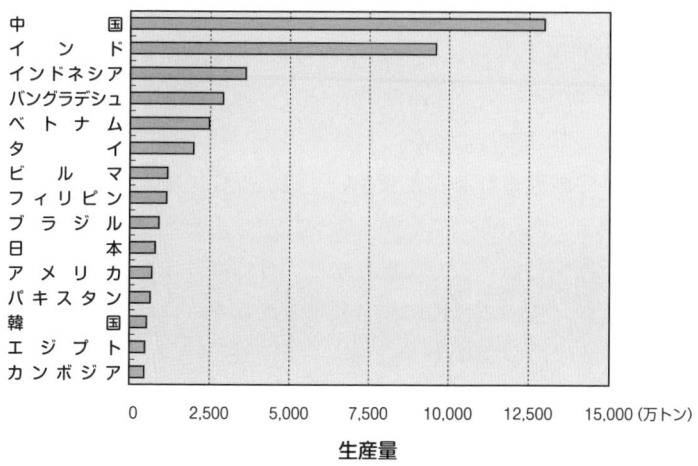

図2-2　世界の米生産量（2008年度）

1　米の種類

2. うるち米ともち米

　私たちが日常的にごはんとして食べているのが**うるち米**，赤飯にしたり，餅に搗いたりするのが**もち米**である。水分，たんぱく質，脂質，炭水化物含量はほとんど同じであり，米の炭水化物であるでんぷんを構成するアミロースとアミロペクチンの比率に，うるち米ともち米の違いが現れる。**うるち米はアミロースとアミロペクチンの比率がほぼ2：8であるのに対し，もち米はほぼアミロペクチンのみで構成されており**，この違いが調理法や炊きあがりの状態に影響してくる（表2-1）。

　うるち米は，加水量が米重量の1.5倍と，もち米（もち米0.7～1.0倍）より多い割には吸水が米重量の20～25％と少なく，吸水されずに残った水を使って炊く操作でごはんに炊きあげている。もち米は加水量が少ない上に，水につけた時の吸水が米重量の約40％と非常に多いため，数時間の浸漬でひたひたの水に米がつかっているような状態になる。このように炊き水が少なくなってしまった状態では炊く方法が使えないため，**もち米は蒸して調理されることが多い**。浸漬操作で吸水した水分だけでは硬くしあがるので，蒸し加熱途中で水を振りかけて水分を補う操作を行う。これを**振り水**という。振り水の回数によって蒸しあがり後のごはんの硬さや粘りは異なり，回数が増えるほど軟らかく，粘りの強いごはんに蒸しあがる。一般的には2～3回振り水が行われる。この蒸しあげたもち米を搗いてごはんの組織を壊し，均質化したのが餅である。

表2-1 うるち米ともち米の比較

	うるち米	もち米
アミロース：アミロペクチン	2：8	0：10
加水量（重量比）米：水	1：1.5	1：0.7〜1.0
飽和吸水量	米重量の20〜25%	米重量の40%程度
加熱法	炊く	蒸す
調理の流れ	吸水 → 加熱（鍋）→ 蒸らし	吸水 → 米・つけ汁 → 蒸す（蒸し器）→ 振り水（2〜3回繰り返す）、つけ汁を一気に振りかける
調理のポイント	30分加熱，15分蒸らし	40〜50分蒸し加熱，途中2〜3回振り水

● うるち米・もち米いずれも，水分15.5%，たんぱく質6.1%，脂質0.9%，炭水化物77.1%

3. いろいろな品種

　日本で栽培されている米の品種は少なくとも50種以上はあるが，消費者に好まれる食味をもつ米にその生産が集中しており，全収穫量の36％程度をコシヒカリが占めている。2位はコシヒカリから生まれた品種であるひとめぼれ，次いで九州を中心に中国・四国地方や近畿地方など西日本で広く栽培されている宮崎県生まれのヒノヒカリ，秋田県オリジナルの品種として開発されたあきたこまちと続き，この3つの生産量で約28％となる（図2-3）。前述の品種以外にも多くの米が栽培されており，土地柄や気候条件，栽培条件などに合わせて品種改良が進められ，それぞれの地域に適した新しい品種が誕生している。イネはもともと熱帯生まれの植物であるので，寒さには弱く，北海道の米はかってはまずい米の代名詞のようにいわれていた。しかし，寒さに強く，良食味である品種が開発され，現在では北海道の米の評価は非常に高い。

　また，イネを栽培する環境は刻々と変化している。今問題になっている地球温暖化による気温上昇は，田んぼの水温を上昇させ，イネの生育にマイナスに作用し，米の生産量や食味を低下させている。これに対応できる暑さに強い品種の開発が強く求められている。

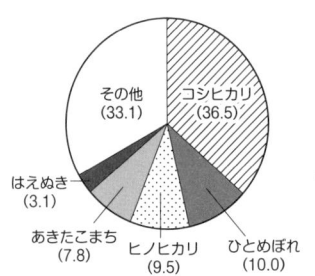

図2-3　水稲の全国品種別収穫量割合（2009年度）

4. 新しい米の登場

① **新形質米**　従来のうるち米，もち米とは異なった形質（成分・外観・色・形・大きさ等）や機能をもった米が開発されている。米の市場規模の拡大を目指して開発された，**新たな機能を備えた品種**には次のようなものがある。

・**低アミロース米**：もち米とうるち米の中間のアミロース含量であり，もちもちしていて粘りが強く，冷めても硬くなりにくい特性をもつ。うるち米と混ぜて炊飯されることが多く，低温で流通させる弁当やおにぎり，チルド寿司等に適する。

・**高アミロース米**：ジャポニカ米よりもアミロース含量が高く，ぱさぱさしており，ピラフやお粥，ライスヌードルなどに適する。

・**巨大胚米**：胚芽が大きく，γ-アミノ酪酸（GABA）の含量が多く，発芽玄米に適する。

・**低グルテリン米**：米に含まれる易消化性たんぱく質のグルテリン含量が少ない。

・**色素米（赤米，紫黒米）**：糠部分に抗酸化成分であるポリフェノールや鉄，カルシウム，ビタミンを多く含み，赤飯や五穀米等に適する。

② **発芽玄米**　玄米を30℃位のぬるま湯に1～2日程度浸し，わずかに発芽した状態にしたものである。発芽に際し，酵素が活性化し，玄米に蓄えられている成分を発芽に必要な形に変えていく。胚乳に貯蔵されているでんぷんやたんぱく質も酵素によって分解され，糖やアミノ酸等が増加し，甘味やうま味

が増す。また、糠成分も変化して軟化し、ごはんに炊きやすくなり、玄米よりは利用しやすい食材に変わる。発芽させることによって特徴的に増加するのは、γ-アミノ酪酸であり、機能性成分を多く含んだ食材としても注目されている。

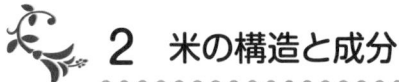

2 米の構造と成分

1. 米の組織構造

　もみ米から「もみがら」をはずしたのが**玄米**である。玄米は**糠**、**胚芽**、**胚乳**の3つの部位から成り、果皮、種皮等から成る糠が胚乳部をおおっている。(図2-4-①) この糠に存在するセルロースやヘミセルロース、リグニンなどの存在が、水の浸透や飯の軟化を妨げるため、**糠層と胚芽を削って（この操作を搗精という）、残った部分（胚乳）を精白米として食べている**。胚乳は米粒中心部から同心円状に並んだ**でんぷん貯蔵細胞**の集まりで構成されており、外周部に比較して中心部の細胞は小さく密な構造になっている（図2-4-②）。それぞれの細胞内は**アミロプラスト**と呼ばれる袋状の組織が詰まっており、このアミロプラストの中にでんぷん粒が充満している（図2-4-③）。このでんぷんが米の主成分となる。

　米のたんぱく質はグルテリンが大部分を占め、その他グロブリン、プロラミン、アルブミンなどが少量含まれる。結晶性たんぱく質のプロラミンは難消化性であるとされる。胚乳の中心

部では少なく,周辺部に向かうほど多くなる。これらのたんぱく質は数十個のでんぷん粒を含包するアミロプラスト内の隙間に点在している(図2-4-③)。脂質はほとんどが胚芽と糠部に存在しており,胚乳部では外側に少量存在している。胚乳部(精白米)での含有量は1%以下と少ないが,古米化にかかわる因子として古くから注目されてきた。

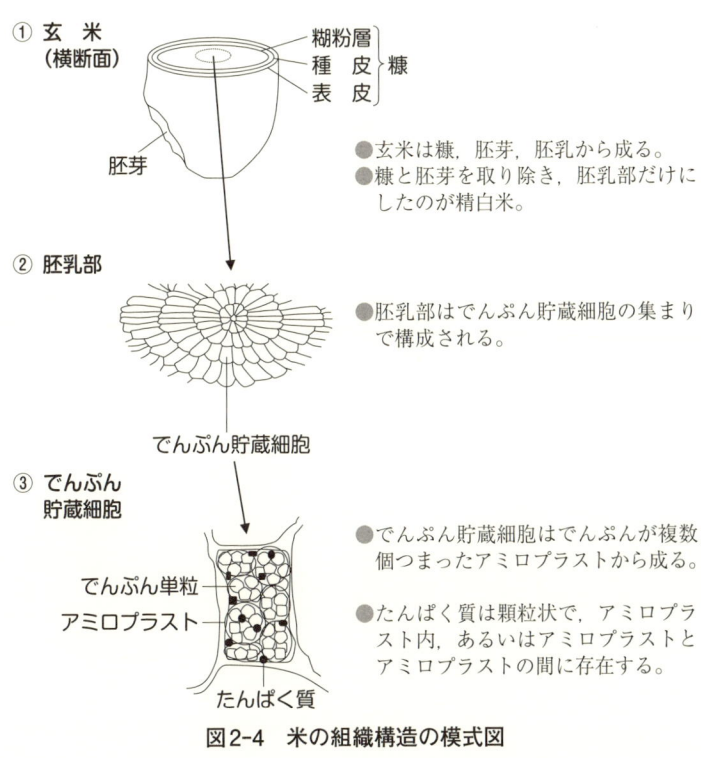

図2-4　米の組織構造の模式図

2. 部位で異なる成分組成

　糠と胚芽を除去した精白米の場合，約77％を占めているのが炭水化物で，そのほとんどが糖質のでんぷんであり，**還元糖もわずかに含まれている**。たんぱく質は約6％含まれており，肉や魚に次いでたんぱく質を多く摂取できる食材でもある。しかし，**米のたんぱく質のアミノ酸組成は卵や肉・魚よりも劣る**とされ，特にリジンの含量が少ない。

　脂質や灰分，ビタミン，無機質は糠部や胚芽に多く存在するため，玄米での含有量が最も多く，搗精が進むに連れて減少していく。搗精歩合によって変化していく特徴的な栄養素を表2－2に示した。糠を完全に除去した精白米は，玄米に比較して脂質が1/3程度，カリウムやリンも1/3程度，マグネシウム1/5程度，ビタミンB_1 1/5程度，ビタミンB_6 1/2程度，食物繊維1/6程度となっており，**栄養的な観点からは，玄米の価値が最も高い**。胚芽だけを残して精米した**胚芽精米**は，糠の部分を3割残した7分搗き米に近い成分組成になっており，胚芽に含まれるビタミンや無機質の存在が栄養的な価値を高めている。

　米は主食として位置づけられ，主菜や副菜と組み合わされて1食分の献立となる。日本人が継承してきたこの食事スタイルは，炭水化物からの摂取エネルギー比率を適正にするのに役立つ。1日に摂取するエネルギーのうち，たんぱく質，脂肪，炭水化物の各栄養素から供給されるエネルギーの割合（PFC比）を15：25：60位にするのが適正であるとされており，ごはんを適量食べることでこの比率の確保が可能になる。

表2-2 米(水稲穀粒)の一般成分含量(可食部100g当たり)

食品名			水稲穀粒				水稲飯
			玄米	半搗き米	7分搗き米	精白米	精白米
エネルギー		kcal	350	353	357	356	168
		kJ	1,464	1,477	1,494	1,490	703
水　　　　分		g	15.5	15.5	15.5	15.5	60.0
たんぱく質		g	6.8	6.5	6.3	6.1	2.5
脂　　　　肪		g	2.7	1.8	1.5	0.9	0.3
炭 水 化 物		g	73.8	75.4	76.1	77.1	37.1
灰　　　　分		g	1.2	0.8	0.6	0.4	0.1
無機質	カリウム	mg	230	150	120	88	29
	マグネシウム	mg	110	64	45	23	7
	リ　　ン	mg	290	210	180	94	34
ビタミン	ビタミンB_1	mg	0.41	0.30	0.24	0.08	0.02
	ビタミンB_2	mg	0.04	0.03	0.03	0.02	0.01
	ナイアシン	mg	6.3	3.5	1.7	1.2	0.2
食物繊維	総　　量	g	3.0	1.4	0.9	0.5	0.3
	水　溶　性	g	0.7	0.4	0.2	Tr	0
	不　溶　性	g	2.3	1.0	0.7	0.5	0.3

(文部科学省　科学技術・学術審議会資源調査分科会:日本食品標準成分表 2010(2010)より抜粋)

―――「糠」という字に着目!

　米偏に,健康の康の字をつくり(右側の部分をなす字形)に当てて構成されているのが,「ぬか」を表す漢字である。糠の部分に多くの栄養素が含まれており,健康によいことを表現している。

3. 玄米飯のメリット・デメリット

　玄米は糠部と胚芽に多く含まれるビタミンや無機質によってその栄養的価値は高く，**米のもつ栄養素をすべて摂取するには玄米のままごはんに炊くのが望ましい**。しかし，糠部の存在によって吸水が妨げられ，ごはんに炊きにくく，糠部自体も硬いまま炊きあがり，精白米のごはんのように粘りを伴った軟らかいごはんにはならない。精白米を使った白飯が好んで食べられているのは，多くの人が栄養よりもおいしさを優先しているからである。主食のごはんはおいしさを楽しんで食べ，ビタミンや無機質はおかずからというのが，多くの日本人が選んだ食のスタイルであった。

　一方で，玄米そのものを丸ごと食べる玄米飯を選択している人もいる。玄米を炊飯するにはいろいろな工夫が必要となる。糠の存在が吸水を妨げていることに対しては，米を水につけておく時間を長くすることなどによって対処できる。桑田らによれば，20℃で17時間浸漬すると，精白米の最大吸水率とほぼ同等の吸水率になったという[1]。加水量に関しては，玄米重量の1.8〜1.9倍量を加水して炊飯することで，米重量の1.5倍程度加水する精白米飯とほぼ同量の水分量となり，軟らかく炊きあげることができたと報告している。**圧力をかけて100℃以上の温度で加熱する高圧炊飯も，玄米飯を軟らかく炊くひとつの方法**である。

●**玄米飯をおいしく炊くコツ**

・長時間浸漬して十分に吸水させる。
・加水量を増やす（1.8〜1.9倍位）。
・圧力をかけて高温で炊く。

　玄米飯では，糠の栄養素を丸ごと摂取できることに加えて，加熱により糠の成分がうま味成分に変化することも期待できる。現在は玄米炊きコースを搭載した自動炊飯器も多く開発されており，比較的気軽に玄米ごはんが炊ける時代になってきた。玄米飯を白飯とは違ったジャンルのごはんとして位置づけることも可能であろう。

3　糠をとる

1. 搗精（精米）

　玄米の糠が，吸水を妨げ，米の軟化・粘りの出現を抑制するため，炊飯を容易にし，おいしさを向上させるために玄米から糠部を削り取る処理を行っている。この処理操作を**搗精**，あるいは**精米**という。**削り取られる糠は，米重量のおおよそ10％程度**である。古くは玄米同士をこすり合わせたり，臼に入れた玄米を人力や水力（水車）等を使って杵で搗いて糠を削り取っていたが，精米機が開発されてからは，もっぱら機械による精米が行われてきている。

　通常用いられているのは，**米粒に圧力を加えて発生させた摩**

擦力を利用して糠や胚芽を除去する方法（摩擦式精米機）と，**米粒の表面を砥石で削って糠や胚芽を除去する方法**（研削式精米機）であり，この2つを組み合わせて行われる場合が多い。玄米の最外層（表皮）は摩擦がかかりにくいため，搗精の初期段階では研削式精米機を使い，その後は均質に糠が取れる摩擦式精米機を使うなど，それぞれの長所を生かして使われる。最近は精米機の精度も上がり，糠をほとんど残さない搗精が可能になっている（図2-5）。

玄米の糠部をすべて取り除いた米を**精白米**，糠の部分を一定の比率で残して搗精した精白米を**分搗き米**という。糠を7割残したのが**3分搗き米**，5割残したのが**5分搗き米**（半搗き米），3割残したものが**7分搗き米**である。糠部が残る割合が高いほど玄米に近い性状であり，栄養的には向上するが，食味的には低下する（p.21，表2-2参照）。最近では家庭用の精米機も開発され，好みに応じた分搗き米を家庭で調製することもできる。

① **研削式精米機**
（糠を削り取る）

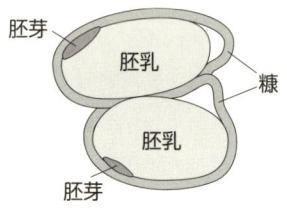
② **摩擦式精米機**
（米粒同士の摩擦で糠を取る）

図2-5　精米方式と精米の原理

2. 無洗米

精米後の米の表面には,完全に取りきれてない糠(糊粉層の一部)がわずかに残っている。通常この部分は洗米操作によって完全に取り除かれることになる。**無洗米**とは,この残存部分までも完全に除去し,洗米をせずにすむようにした米をいう。**炊飯工程での洗米作業が不要になるため節水でき,とぎ汁が発生しないため,環境汚染の防止にもつながる**。また,洗米すると付着水を考慮した加水量の計算が必要となるが,無洗米では加水量を固定でき,安定した品質の炊飯につながる。

無洗化処理の方式には,大きく次の3つがある。

① 乾式方式　水を使わず,ブラシや米粒同士の摩擦を利用して,米表面の残存糠等を除去する方式。シンプルな構造で,精米機との連続処理も可能であるが,糠の残りを完全に除去することはできない。

② 加水精米方式　米に少量の水を加え,軽く圧力をかけて攪拌し,米の表面の残存糠等を除去後,脱水・乾燥を行う方式。排水処理や乾燥工程のためのエネルギーやスペースが必要となる。

③ 特殊加工方式　顆粒状のタピオカでんぷんやある程度水分を含ませた糠など,何らかの媒体を利用して残存糠等を除去する方式。媒体の加工が必要となるが,糠の残存は極めて少ない。

いずれの方式においても,水で洗米した状態にまでは及ばず,米を水につけておくと,固形分の流出が認められ,つけ汁

に濁りがみられるようになる。この濁り物質である固形分は，炊飯の際，鍋底に沈殿し，焦げの原因となる場合がある。
● **大量炊飯が必要な施設で無洗米を使うメリット**
・洗米用の道具，装置が不要となるため，経費を節減できる。
・水が不要であるため，節水につながる。
・人手が不要となるため，人件費の削減につながる。
・とぎ汁が発生しないため，環境を汚染しない。

3. 胚芽精米

　精米の品位基準を満たし，なおかつ胚芽保有率80％以上の精米をいう。胚芽精米機はほとんどの場合，研削式精米機が使用されており，米の整形作用が利用されている。胚芽が残りやすい品種が原料米として使われてきたが，最近では米粒への衝撃を減少させる技術が開発され，「コシヒカリ」などの食味の良い品種を使用した胚芽精米も製造できるようになってきている。**胚芽を保有しているため，脂質の変敗による品質低下が起こりやすい。** 少ない量を真空包装して販売している。開封後は低温保存が望ましい。

4　米の保存

1. 保存中に米は変質

　糠部を除去した精白米は，米粒胚乳部表面が直接空気に触れ

ることになるため，保存期間が長くなるにつれて**脂質の変敗**が進み，**古米臭が発生**し，米飯も硬化する，いわゆる**古米化の現象**が起こりやすい。脂質の変敗の程度は抽出した脂質の脂肪酸度を測定することによって評価できる。脂肪酸度の値が大きいほど脂質の酸化が進んでおり，古米化が進んでいることを示している。

新米，古米（収穫後1年経過した米），古々米（収穫後2年経過した米）から脂質を抽出し，脂肪酸度を測定してみたところ，古米の90％精白米は脂肪酸度の値の増加が著しく，収穫後おおよそ1年経過した時点での変化が大きかった（図2-6）。古々米と古米での差は大きくないことから，**収穫後の1年間での品質低下が著しい**ことがわかる。米は次の収穫までの1年をかけて

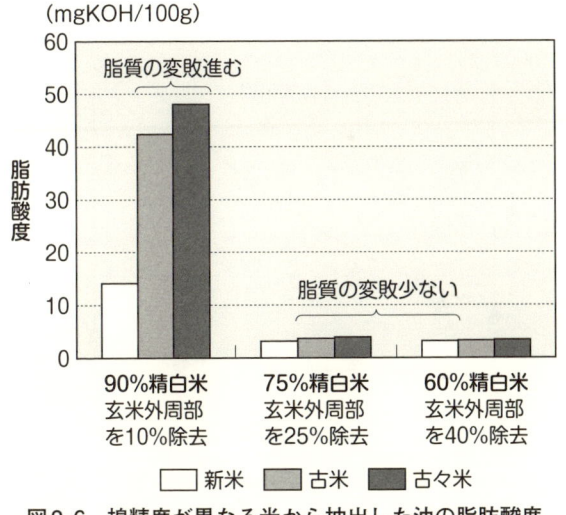

図2-6 搗精度が異なる米から抽出した油の脂肪酸度

消費されるので、品質を低下させない保存条件が求められる。特に夏場の高温期は品質の劣化が著しいので、配慮が必要である。

胚乳の外周部に残る糠成分を完全に除去し、洗わずにすぐ使えるとする**無洗米も、長期に保存すると胚乳外層部で変質が起こる**。精白米・無洗米の全粒粉および外層粉の長期保存による脂質の変化を示したのが図2-7である。精白米の外層部での脂

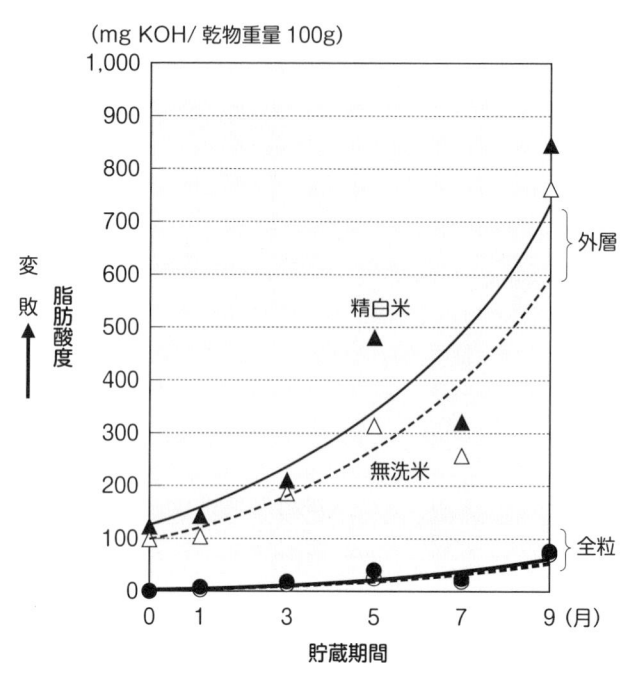

図2-7　精白米・無洗米の貯蔵による脂肪酸度の変化

肪酸度の変化が最も著しいが，無洗米においても，精白米よりはわずかに変敗が抑制されているものの，確実に外層部の脂質の変敗は進んでいた。この変化がごはんの食味を低下させることになる。

2. 低温保存で変質防止

米は収穫後約1年かけて消費されるので，この間の保存状態を適切にする必要がある。脂質の変敗は低温保存により抑制されるので，低温保存で対処することにより米の品質も保たれる。

現在，米は玄米の状態で15℃位の温度に保存され，必要に応じて精米され，精白米として消費者に届けられる。**精白米となって流通する米のおいしく食べられる期間は，室温に置いた状態でおおよそ2週間から1か月位までとされている。**特に夏場の気温が高い時期は早めの消費が望ましい。いずれにしても，精米後の米は刻々と品質が低下していくので，可能なら冷蔵保存する方が望ましい。

3. 精白米の冷凍保存

精白米の鮮度保持には冷蔵保存がおすすめであるが，さらに低温での保存を試みた。精白米の水分が15％程度と非常に少ないため，冷凍保存しても水分の凍結は起こりにくいだろうと考え，－20℃，－40℃，－60℃の冷凍庫で一定期間保存してみたところ，いずれの冷凍温度で保存した場合も，通常の精白米と全く変わらない状態であり，炊飯においても何ら支障はなか

った。

　米は長期に保存すると水につけたときの吸水力が低下し，浸漬後の米粒も硬い傾向にある。6か月冷凍保存した米を水につけ，吸水後の硬さを比較したところ，保存温度が高いと吸水させた米粒は硬くなっていたが，-60℃で保存した場合は保存前とほとんど変わっていなかった。

　各保存温度で2，4，6か月保存した精白米で調製したごはんの硬さや凝集性，付着性等の物性値を測定し，0か月を100とした場合の値に換算して示したのが図2-8である。0か月を示す正7角形に近い形であるほど保存中の変化が少ないことを，7角形の形がいびつになるほど保存中の変化が大きいことを示している。80％圧縮とは，ごはん粒の厚みの80％まで圧縮した状態での測定であり，ごはん粒全体の硬さや付着性を示す。25％圧縮はごはん粒の厚みの25％だけを押した状態で，ごはん粒の表面に近い部分の状態を測定する方法である。

　-60℃保存の場合は保存月数が長くなっても0か月の正7角形に近い形を維持しており，6か月が経過してもほとんど変化していないことを示した。-40℃，-20℃の順に0か月の測定値から離れる項目が増えていき，冷蔵保存である10℃保存が最もいびつな形となり，保存による品質低下が起こっていることを示していた。冷凍保存する場合も，冷凍温度が低いほど米の品質は優れており，冷凍するならば可能な範囲で低い温度帯を選んだ方が精白米の鮮度保持には有効である。

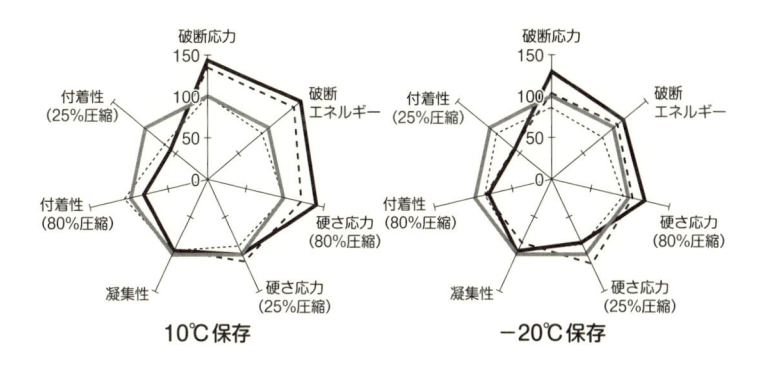

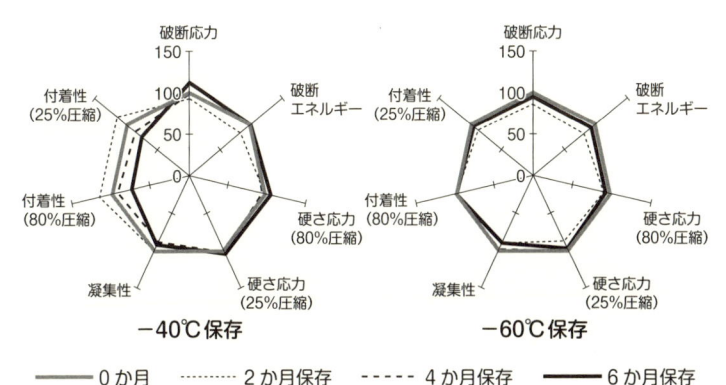

図2-8　保存温度・期間が異なる米で調製したごはんの物性値の比較（加水量1.5倍）

凡例：0か月　　2か月保存　　4か月保存　　6か月保存

各レーダーチャートの項目：破断応力、破断エネルギー、硬さ応力（80%圧縮）、硬さ応力（25%圧縮）、凝集性、付着性（80%圧縮）、付着性（25%圧縮）

10℃保存　　−20℃保存　　−40℃保存　　−60℃保存

4. 不測の事態に備える米―備蓄米―

　気象条件などにより米が不作となるような事態に対しても安定的に供給できるよう，政府が米を購入・保管をする制度によ

り備蓄されている米を備蓄米という。食糧法（正式名称：「主要食糧の需給及び価格の安定に関する法律」）による規定があり，農林水産省が管理している。**玄米が温度15℃以下，湿度75％の倉庫の中で備蓄**され，害虫やかびの繁殖を防ぎながら鮮度が保たれている。備蓄水準については，過去の不作の経験等を踏まえ，平均的な不作が2年生じても円滑な供給が行えるよう，150万トンを基本としている。

　備蓄米は品質を保持するために，備蓄米の翌年の米が生産，出荷された後に販売され，新しい備蓄米と交換している。備蓄米を半分以上使用している市販用の袋詰め精米には，「たくわえくん」という名称が付され，全国の協力販売店で販売されている。**備蓄米は玄米の状態で保存されるため，品質の低下は小さく**，食味の点ではほとんど問題はない。

備蓄米のPRロゴ

5　品質表示とトレーサビリティ

　1999（平成11）年7月に，「農林物資の規格化及び品質表示の適正化に関する法律」（JAS法）が改定されて，**精米表示**については名称（品名），原料玄米，内容量，精米年月日，販売業者を一括表示することが義務づけられた。また，表示は，販売業者の自己責任であり，表示認証などの義務づけは廃止された。ただし，販売業者が第三者機関に依頼して中身と表示の一致を

確認してもらい,これを証するマークをつけることは認められている。消費者にとってはこの一括表示が米の品質を判断する拠り所になる。単一原料米とブレンド米(複数原料米)の2つに分かれるが,図2-9にブレンド米の表示例を示す。

また,米の流通に対する安全・安心の保証も強く求められるところである。2010(平成22)年10月1日には,問題が発生し

名　称	精　米			
原料玄米*	産　地	品　種	産　年	使用割合
	複数原料米			
	国内産			10割
	静岡県	あいちのかおり	22年産	6割
	秋田県	あきたこまち	22年産	3割
	未検査米			1割
内容量	5 kg			
精米年月日**	平成○年○月○日			
販売者	○○米穀株式会社 静岡市○○区○○　△-△-△ 電話番号×××(×××)××××			

*「複数原料米」などブレンド米であること,さらに,国産品は「国産品」,輸入品は原産国名をその使用割合に合わせて記載することが義務づけられている。

**玄米は,表示事項名を「調製年月日」に代え,調製した年月日を記載する。異なる精米年月日や調製年月日のものを混合した場合は,最も古い日付を記載する。

●「新米」の表示:生産年の12月31日までに容器に入れられ,または包装された米に限り,表示することができる。

図2-9　精米表示の内容(ブレンド米の場合)

た場合の流通ルートの速やかな特定と回収を可能にするため，米穀事業者に取引等の記録の作成・保存を義務づける**米トレーサビリティ法**（正式名称：「米穀等の取引等に係る情報の記録及び産地情報の伝達に関する法律」）が施行された。2011（平成23）年7月1日には産地情報の消費者への伝達も義務づけられ，あられやせんべい，おにぎりなど店頭で販売される商品にも原料米の産地表示が求められている。外食店で提供する米飯についても，原産国をメニューに記載したり，店内に利用者がよく見えるような形で表示しなければならないことになった。消費者にとっては産地の確認ができるシステムが動き出している。

●引用文献●
1) 粂田寛子, 寺本あい, 治部祐理, 田淵真愉美, 渕上倫子：玄米飯の物性と微細構造, 日本調理科学会誌, **44**(2), 137-144, 2011

●参考文献●
・農林水産省：新形質米プロジェクト研究
・農林水産省：農林水産統計, 2009
・松尾孝嶺ほか（編）：稲作大成　第1巻　形態編, 農産漁村文化協会, p.67, 1990
・松田智明：米と飯の微細構造－食味へのアプローチ, 米飯の技術とその利用, 工業技術会, 1990
・ごはんソムリエ　研修テキスト, 日本炊飯協会, pp.49-51, 平成21年8月1日
・日本食品工学会春季講演会／フォーラム2011：お米, 炊飯そしてご飯―お米にまつわる最近の技術―, 日本食品工学会, 11-16, 平成23年6月7日
・貝沼やす子：精白米の品質保持のための冷凍保存, 日本食品科学工学会, **55**(10), 487-493, 2008

第3章
ごはんを炊くポイント

最新の機能を備えた自動炊飯器がズラリ…。
（家電量販店にて）

1 米を正しく計量する

　ごはんを炊くにあたって，まずは正確に米を量ることが大切である。重さで米を量るのが最も正確であるが，実際の炊飯では**米専用の計量カップ**を使うことが多い。この計量カップはすり切りいっぱい入れて1合という量になる。この"合"という単位は尺貫法における計量単位で，升の10分の1であり，昔から米や酒を量る単位として使われてきた。1合はおおよそ180 cm^{3}すなわち180 mLとなり，この量が米専用の計量カップにそのまま生かされている。1合の米を重量換算するとおおよそ145 g位になる。ちなみに一般の調理書では，1人分の米を80 gとしており，1合では2人分弱という計算になる。

　ほとんどの炊飯器がこの専用の計量カップを使用することを前提に作られている。米専用の計量カップですり切りいっぱい量った量が1合であり，この量に対して加水量が決められるので，**すり切りいっぱいを正確に量る**ことが求められる。山盛りにしたり，完全にすり切りになっていない少なめの状態は適切

約180mL
(約1カップ/合)
○良い例　　　　　×悪い例

図3-1　米の計量

でない。また，振動を加えてめいっぱい詰め込んだりしてもいけない。計量カップで量る方法は，量る人の手加減で微妙に変化するので，正確さにおいては重量で量る方法に劣るが，簡便さゆえに使い続けられている。

2 米を洗う

　ごはんを炊くにあたって，まずは米を洗う。玄米を搗精する技術は格段の進歩を遂げており，ゴミや異物はほとんどなく，糠の付着も非常に少ない状態の精白米となっている。昔はゴミや糠の残りをしっかり落とすために，こすりあわせる操作が入る，**「とぐ」**方法でしっかり洗う必要があったが，現在ではむしろ**「洗う」**方法の方が望ましいとされている。これは精白米自体がきれいに搗精されていることに加えて，**昔は自然乾燥**していた収穫後のもみ米が，**現在は火力乾燥**されており，胚乳部がもろく，強い力で洗うと砕けてしまう心配があるからである。砕けた米からはでんぷんが流出しやすくなり，好ましくない粘りが出たごはんになる。

　精白米をといだ場合と洗った場合では，表面の状態が写真3-1に示すように異なっている。「洗う」方法で洗米した米に比較して，「とぐ」方法で洗米した米では，表面の細胞内にあった内容物（でんぷん）が流出してしまっており，細胞壁のみが見えている部分が多く観察されている。「洗う」あるいは「とぐ」方法で洗米した場合の，洗い水に分離してきた固形分量を

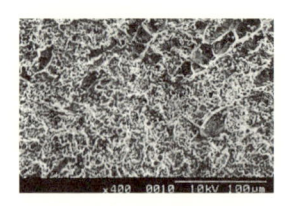

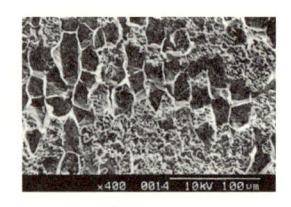

① 洗　う　　　　　　② と　ぐ
写真3-1　洗米方法が異なる米粒表層部の走査型電子顕微鏡写真（400倍）

もとの米の重量に対する割合で示したのが図3-2である。食味上位米のコシヒカリ，食味低位米のキタヒカリ，ともに「とぐ」操作によって洗い水に分離してくる固形分量は増加しており，食味上位米のコシヒカリの方がこの傾向は強い。この**流失したでんぷんを含む米のとぎ汁がそのまま排出されれば，環境汚染にもつながる**。「洗う」方法，あるいは「とぐ」方法で洗米した米を炊飯した場合，ごはんのおいしさに大きな差はなかったことから，現在の精白米は洗う操作で十分であるといえよう。ただ，日数の経過とともに古米化して品質が低下した米を炊飯する場合は，とぐ操作を適用すると米粒表面の変質した部分を取り除くことができ，食味の改善が期待できる。

●とぐ方法では，成分の一部が流出（でんぷん，たんぱく質，脂質，無機質等）
●とぐ方法は，
　・保存期間が長い米
　・品質の低下した米
　・まずい米………
　　　　におすすめ！

(%)
3.0
2.5
2.0
分離固形分量
1.5
1.0
0.5
0

コシヒカリ　　キタヒカリ

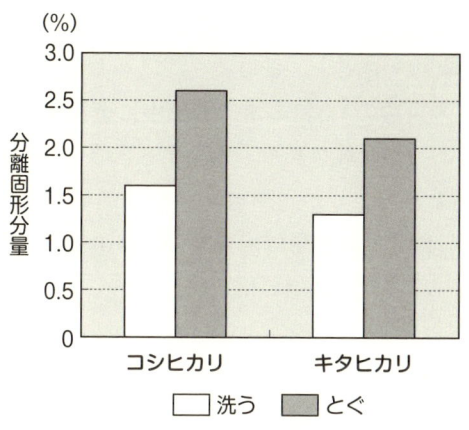

□ 洗う　■ とぐ

図3-2　洗米操作により分離する固形分量

米のとぎ汁が環境汚染！

　川や湖、海の汚染の約70％が、家庭からの生活廃水が原因と考えられている。米のとぎ汁もそのまま流せば、環境汚染につながる。廃水の汚れ具合を示す目安として、「魚が棲めるようになるには、何倍の水で薄めればいいか」という希釈度が使われるが、米のとぎ汁は600倍の水が必要とされている。ちなみに、ラーメンの汁は5,000倍、みそ汁7,000倍、牛乳15,000倍と調味料や食品成分含有率が高くなるほど、汚染度が高くなる。

3　水の量を決める

加水量でごはんの硬さが決まる

　私たち日本人がおいしいと感じるごはんは、もとの米の2.3

倍前後の重量となっている。これより多いと軟らかすぎと感じ，少ないと硬く感じる。そこで，ごはんを炊くときに加える**水の量は，米重量の1.3倍の水に加熱中に蒸発する水分量を加えることによって計算される。**蒸発する水分量は炊飯器の種類によって異なってくるが，加水した量の10〜20％の範囲であるので，**米に対する加水量は米重量のおおよそ1.5倍位となる。**米に対する加水量が少なければごはんは硬くなり，多ければ軟らかくなる。

　実際の炊飯は，炊飯器によって行われることが多く，計量カップで量った米の合数に合わせて，炊飯器の内釜に加水の目安となる線が印されている。この線に合わせて水を入れれば適切な加水量になるよう設計されている。**洗米後の米を内釜に入れたら平らにならしておき，目安の線まで水を入れる。**少し硬めに炊きたいときは目安の線より少し下に，少し軟らかめに炊きたいときは目安の線より少し多めに水を入れる（図3-3）。

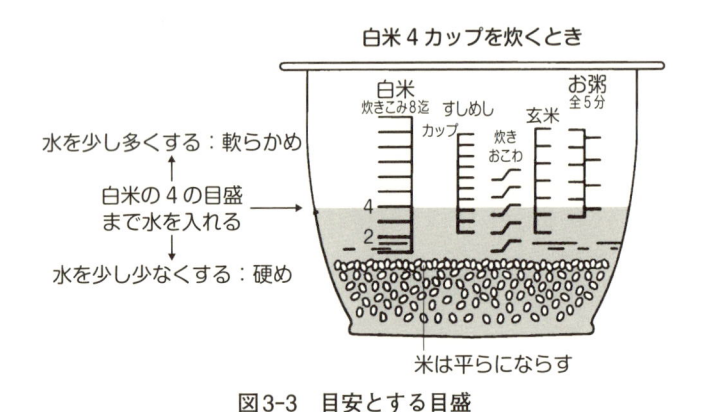

図3-3　目安とする目盛

一般的に，収穫直後の**新米は胚乳が軟らかいため，加水量は控えめにし**，収穫後の時間経過が著しく，**組織が硬くなっている古米などには多めに加水**する。また，しょうゆや酒などの液体調味料を添加して炊飯する場合は，これらの調味料が水分としても機能するので，**加水量から液体調味料の分量の水を差し引いて加水**するようにする。白飯に酢や砂糖，塩等で調製した調味酢を合わせて作るすし飯の場合も，**後から酢の分量が水分として加算されるので，加水量を減らして炊飯する**（図3-4）。

　このように日本のごはんは，加水量がごはんの硬さの決め手となるので，極めて正確に加水量を調整することが求められてくる。これは日本のごはんが，炊きあがったときちょうどよく水が吸われている**炊き干し法**によって炊飯されるからである。一方，インディカ米に使われる**湯とり法**は，沸騰している湯の中で吸えるだけ水を吸わせて取り出す方法であり，水加減に特に気を使わなくてもよい。先祖がどのタイプの米を手にしたか

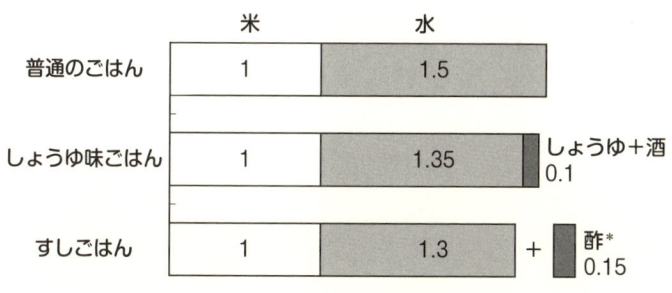

	米	水	
普通のごはん	1	1.5	
しょうゆ味ごはん	1	1.35	しょうゆ+酒 0.1
すしごはん	1	1.3	+ 酢* 0.15

*炊いたごはんに後から加える

図3-4　液体調味料が添加されるごはんの加水量
　　　（米に対する重量比で示す）

① 炊き干し法

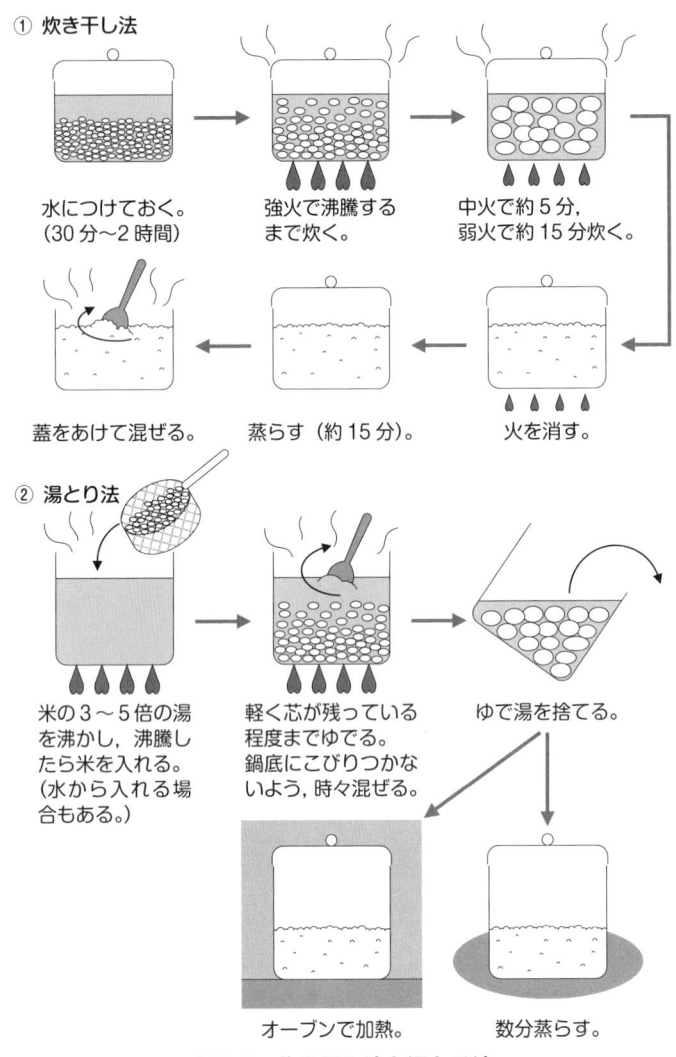

水につけておく。(30分～2時間)　→　強火で沸騰するまで炊く。　→　中火で約5分，弱火で約15分炊く。

蓋をあけて混ぜる。　←　蒸らす（約15分）。　←　火を消す。

② 湯とり法

米の3～5倍の湯を沸かし，沸騰したら米を入れる。（水から入れる場合もある。）　→　軽く芯が残っている程度までゆでる。鍋底にこびりつかないよう，時々混ぜる。　→　ゆで湯を捨てる。

オーブンで加熱。　　数分蒸らす。

図3-5　炊き干し法と湯とり法

44　第3章　ごはんを炊くポイント

によって，同じ米でも調理法が異なっており，ジャポニカ米，インディカ米それぞれの特徴が生かされた調理法が発展してきた。

4 水を吸わせる

1. 少なくとも30分，できたら2時間

　米の主成分のでんぷんを，食べておいしく，しかも米の栄養成分を消化吸収できる状態にする（生のでんぷんをこのように変化させることを糊化という）ためには，でんぷんを加熱しなければならない。米の場合は，水分が約15％と少ないため，水を加えた上での加熱となる。米重量の約1.5倍の水を加えるが，この水は米粒に吸収されて米をごはんに変えるのに使われる。**第2章**で示したように，でんぷんは米粒の外側の細胞はもちろん，中心部の細胞にまでぎっしり詰まっている。この中心部のでんぷんにまで十分に水を行き渡らせるためには，米を水につけてしばらく置き，水を吸わせる操作が必要となる。

　米を水につけると**最初の15〜30分の間に急激に吸水が進む**。その後緩やかな上昇カーブをたどり，**2時間も経過すると吸水量はほぼ飽和状態となり米重量の20〜25％程度吸水する**。水温が高い方が吸水は速く，30℃の水に浸漬した場合は1時間程度で飽和に達する。吸水を急ぐ場合はぬるま湯に米を浸すようにいわれるのは，このような理由による（図3-6）。

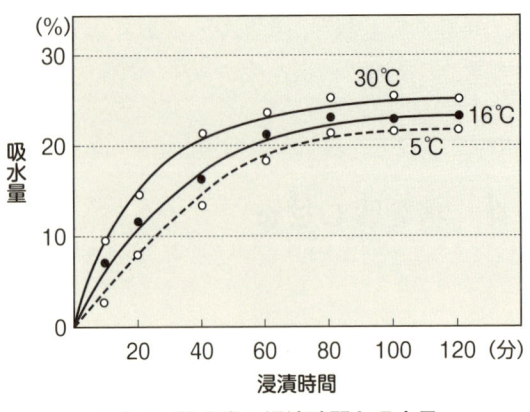

図3-6　精白米の浸漬時間と吸水量

　吸水された水は，米の細胞組織を膨潤させる。この様子を，米断面の顕微鏡観察結果で示したのが写真3-2である。時間の経過とともに細胞内に水が浸透し，細胞が膨潤した状態が観察され，30分よりも2時間の方が膨潤は進んでおり，細胞全体がぱんぱんにふくれた状態となっている。2時間以上浸漬しても細胞の膨潤の程度は大きく変化しておらず，2時間程度で最大限の吸水量になっていることは，顕微鏡観察の結果からも確認できる。**炊飯にあたって，洗った米を少なくとも30分，できたら2時間水につけておくようにいわれる根拠はここにある。**

　2時間以上水につけておいても，吸水量は増加しないが，米粒内での水分の移動は行われているものと考えられる。朝食用の炊飯のために前日の夜に米を水につけておく，あるいは夕食用に朝のうちに米を洗っておくなどはよく行われることであり，理にかなった操作である。ただ，**つけ水には米の成分が溶**

① 浸漬なし　　　　　　② 浸漬30分

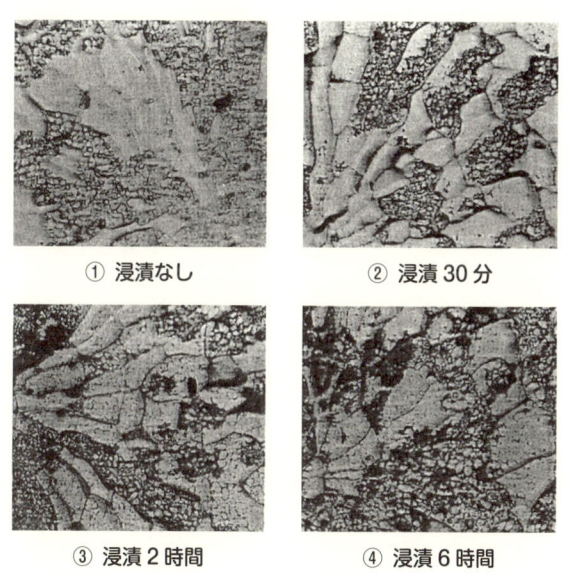

③ 浸漬2時間　　　　　　④ 浸漬6時間
写真3-2　浸漬操作による米粒組織の膨潤（100倍）

出してくるため，吸水時間が2時間以上の長時間に及ぶ場合は，水温上昇に伴う腐敗現象が起こらないよう，配慮する必要がある。特に，**夏場の室温が高い状況下での長時間の浸漬は注意を要する。**

2. 酵素が活性化する湯浸漬

　米をつけておく水の温度が高いと水分子の運動が活発になり，米粒内への吸水が促進される。逆に低温では吸水が遅れるので，つけておく時間を長くとるようにする。米をつけておく水の温度が高くなると，精白米に含まれる酵素の働きも活発に

なり，でんぷんが分解されて低分子の糖が増加し，ごはんに甘味が加わるようになる。

25℃，60℃の水に30分浸漬した際に浸漬液に溶けだした糖と，米に含まれる糖を測定した結果を図3-7に示す。還元糖，全糖ともに60℃に浸漬した方が糖の量は増えており，特に浸漬液での差は大きい。この浸漬液に溶出した糖の存在が，ごはんの硬さに及ぼす影響を検討するために，糖が溶出した浸漬液で炊飯したごはん（●）と，浸漬液を水と入れ替えて糖が存在しない状態で炊飯したごはん（▲）を低温に24時間置いた場合の硬さの変化を比較した（図3-8）。浸漬液中に糖が存在したご

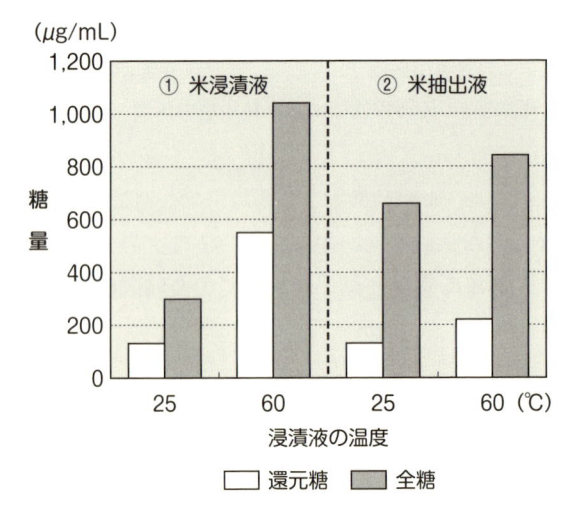

- 米浸漬液：米を30分浸漬しておいた液（浸漬中に溶出してきた糖を測定）
- 米抽出液：浸漬後の米から糖を抽出した液（米粒の中に存在する糖を測定）

図3-7 浸漬温度が異なる場合の米浸漬液と米抽出液中の糖量

はん（●）の方が，糖が存在しない場合（▲）よりも硬くなりにくく，糖の存在はごはんの硬化を遅らせていた。ごはんが硬くなるのは，でんぷん分子が再配列して生のでんぷんに近い構造をとるようになるためであるが，**低分子の糖はこのでんぷん分子の再配列を妨げるように作用**していると考えられている。炊飯後硬くなりにくいごはんを炊くひとつの方法として，通常よりも高温の水に米をつけておく方法があげられる。

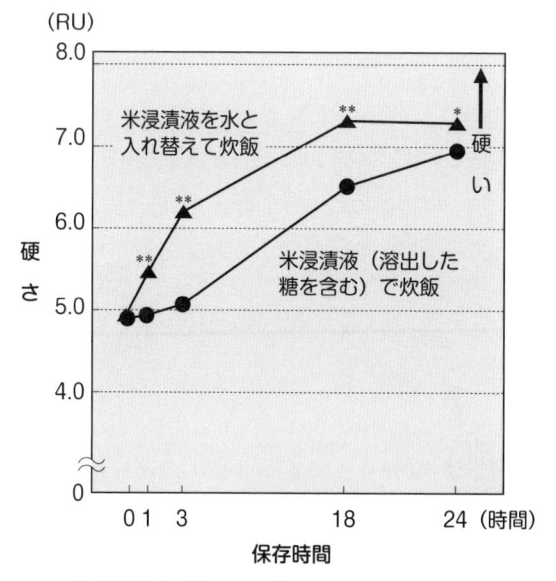

● 米浸漬液（溶出した糖を含む）で炊飯
▲ 米浸漬液を水（糖含まない）と入れ替えて炊飯
米の浸漬温度 60℃30分

$*p<0.05$, $**p<0.01$ → ●は▲より常に軟らかい

図3-8 浸漬液中の糖の存在がごはんの硬さに及ぼす影響

自動炊飯器の中にはこの原理を活用し，40〜60℃位の温度帯にしばらく置き，吸水と同時に酵素の反応を促す時間帯をとっているものもある。

3. 吸水を遅らせる調味料添加

　ごはんには，米と水のみで炊く白いごはん以外に，調味料を加えて炊いた味付けごはんがある。食塩を加えた塩味ごはんには，色よくゆでた青菜を細かく刻んで混ぜ込んだ**菜飯**や，グリンピースを炊き込んだえんどう豆ごはんなどがある。食塩の一部をしょうゆに変え，塩としょうゆで味付けしたごはんは，しょうゆ色に炊きあがるので，**さくら飯**とも呼ばれる。盛り付けたさくら飯はひき肉のそぼろや，いり卵でトッピングされて一品となる。また，鶏肉，油揚げ，にんじん，ごぼう，しいたけなどを一緒に炊き込む五目ごはんも塩，しょうゆで味付けされる。

　このように，調味料を加えて炊くごはんも私たちの日常献立によく登場する。炊飯に際し，米をつけている水に調味料を加えることになるが，この調味料の存在は米への吸水を妨げる（図3-9）。**浸漬開始後30分くらいまでは吸水の遅れが目立ち，特にしょうゆの影響は著しく，吸水の進行がかなり遅れている**。米を水につけておく時間が短い場合は，始めから調味料を加えずにまず米にできるだけ吸水させておき，**炊く前に調味料を加えるようにすると**，吸水の遅れを起こさずにすむ。

　また，2時間程度吸水させた場合はほぼ飽和の吸水量に近づいており，**調味料添加の影響は小さくなる**。たっぷり吸水時間

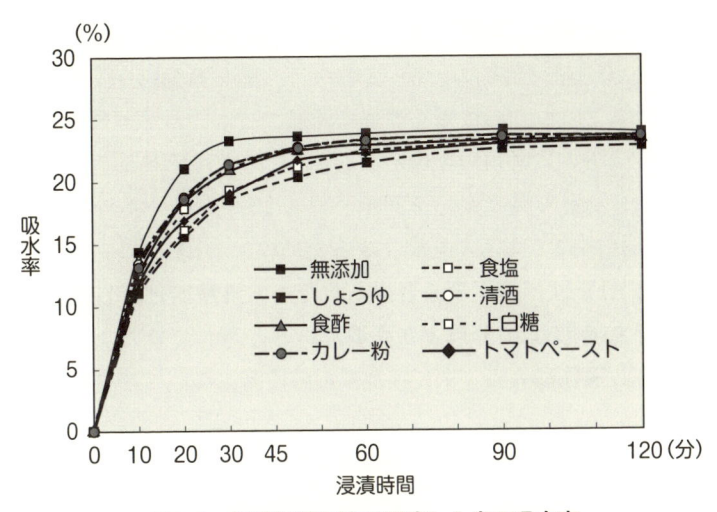

図3-9 調味料添加液に浸漬した米の吸水率

が確保できるときは,調味料が存在していても最終的にはほぼ飽和の吸水量に達するので,最初から添加しておいてもほとんど問題はない。米を水に浸漬しておける時間によって,調味料の添加時期を変えるとよい。

5 熱を加える

　吸水の操作が終わったら,次は米でんぷんを食べておいしく,消化できる状態(糊化),すなわちごはんの状態にするために加熱を行う。自動炊飯器ではスイッチを押すだけでこの操作に入る。この加熱という操作は,温度が上昇して100℃に達

するまでの**温度上昇期**,激しく沸騰させる**沸騰期**,火力を弱めつつも100℃を維持しながら加熱を行う**蒸し煮期**の3段階で構成される。これらの段階を順調に経過させることが,米をごはんに変えるのに必須の操作となる。

　この3段階の温度変化を図示したのが図3-10である。米の細胞組織内のでんぷんを糊化するためには,100℃に近い沸騰状態で20分は加熱する必要があるため,**沸騰期と蒸し煮期を合わせた時間は20分以上が必要**であるとされている。消火後は**蒸らし操作**に入る。次に,加熱の各段階について述べる。

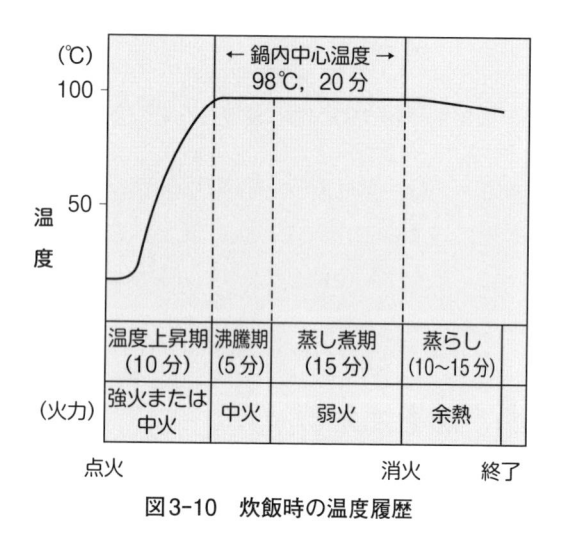

図3-10　炊飯時の温度履歴

1. 水温を上昇させる―温度上昇期―

　米を水につけておく吸水操作では,最大でも米の重量の25

％程度しか吸収できないため、かなりの水を残した状態で加熱操作に入る。温度の上昇に伴い米粒に水は吸収されていき、糊化に向けてのでんぷん分子の分散が起こり始める。この、温度を上昇させていく際の加熱速度は、米の吸水とでんぷん分子分散の進行状態に影響すると考えられるので、表3-1に示す条件で加熱を行い、沸騰までの温度変化と、米に吸収されずに残っている水の量（残存液量）、どの程度でんぷん分子が分散して米の糊化が進んだか（糊化度）の測定を行った結果が図3-11である。**糊化度**の値の増加は、加熱が進むにつれて次第に米が煮えていく状態を示している。

　Mは水を残した状態で次の沸騰期に入り、80℃に至った時点での糊化度は42.2％、沸騰に至った時点の糊化度は62.4％であった。

　一気に温度を上げたSでは、米への水の吸収が遅れた状態で温度が上昇していくので糊化が遅れており、80℃、沸騰に至った時点での糊化度の値はそれぞれ28.5％、56.4％とMより低い。Sの場合、沸騰に至った時の残存液は多いので、水とともに激しく沸騰させる次の沸騰期は長くとれるが、温度上昇中の吸水が少ないため、でんぷんの糊化が遅れた状態で沸騰期に入ることになる。

表3-1　沸騰に至るまでの加熱条件

	S	M	L
火　　力	強火	中火	弱火
沸騰までの時間	4分	10分	19分

また，ゆっくり温度を上げたLでは，温度上昇中の吸水はMより多いが，糊化の進行はMと同程度であった。しかし，水がほとんど米に吸収されてしまった状態で沸騰期に入ることになり，激しく沸騰させてでんぷんを糊化させる肝心要の次の操作ができなくなるので，この加熱速度は適切でない。**一般的に推奨されるのは沸騰までに約10分かけるMの加熱速度**であり，程よく吸水しながら温度が上昇していき，次の沸騰期を作る水が適度に残されている加熱条件である。

　このように，温度上昇期は何気なく温度を上げているようであるが，加熱に伴う米粒の吸水とでんぷんの糊化が絶妙なバラ

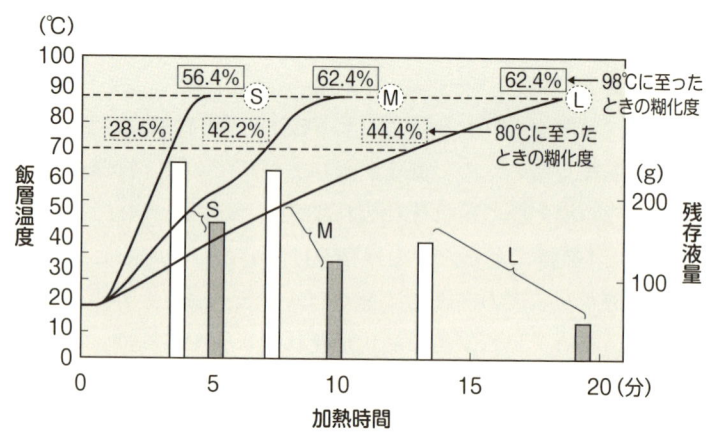

□ 80℃に至ったときの残存液量　■ 98℃に至ったときの残存液量

● 沸騰に至るまでの時間　S：約4分，M：約10分，L：約19分。
● 図中の数字（％）は糊化度を示す。

図3-11　加熱速度が異なる場合の温度上昇曲線と80℃，98℃における糊化度および残存液量

ンスをとりつつ進行している，非常に大切な段階である。

2. 水とともに激しく沸騰—沸騰期—

　沸騰に至った時点で米粒に吸収されずに残っている水を使って激しく沸騰させ，水分子の運動を活発に行わせて，強固に結合して緻密な構造を形成しているでんぷん分子をゆるめるために行う，炊飯の中では最も大切な操作である。**100℃に極力近い温度で行われる**ことが肝要で，100℃より低い温度での沸騰状態では，でんぷん分子の分散は十分に行われない。富士山山頂での炊飯がうまくいかないのは，気圧が低く，沸騰温度が90℃にも至らないためである。

　自動炊飯器の中には，少しでも高い温度で沸騰状態をということで，圧力をかけて100℃以上の温度で加熱するよう設計されているものもある。ただ，120℃にも及ぶような高温では米の細胞が破壊され，中のでんぷんが飛び出して，過度の粘りをもつごはんになってしまう。

　この沸騰期に蒸発していく水分が最も多く，一般的には加水量の10〜15％程度である。したがって，このときの水分蒸発量を見込んだ加水がなされるのである。この操作によってでんぷんの糊化は進み，米は軟らかく煮えた状態に変化していく。この沸騰期を十分に行えるかどうかがごはんの出来上がりに影響してくるので，この段階はしっかり行う必要がある。激しい沸騰期は水が存在して初めて可能であるので，沸騰に至った時点で残っている水を有効に活用する。この水がなくなったところで火力を小さくし，次の蒸し煮期に移る。

3. じっくり沸騰状態を継続―蒸し煮期―

　米粒内に存在するでんぷんの糊化には，沸騰状態を20分継続する必要があるとされている。沸騰期が終わり，米にほとんどの水が吸水されてしまった状態で，沸騰期と同じ火力で加熱を続ければ焦げを生じる。そこで，米粒間にわずかに残っている**沸騰水と鍋の空間部に存在する水蒸気の力で，100℃に近い温度を保って加熱するのが蒸し煮期**である。"煮る"と"蒸す"の2つの加熱法が併用された形での加熱となる。

　沸騰してからの加熱時間の長短が，ごはんの硬さと煮え加減（糊化度）に与える影響を調べるために，沸騰期の5分間だけ加熱した場合，蒸し煮期を5分加えて沸騰継続を10分間行った場合，さらに蒸し煮期を延長して沸騰継続を15分間，20分間，25分間行った場合の炊きあがりのごはんの硬さと糊化度を測定した。結果を図3-12，表3-2に示す。

　沸騰継続時間が短いと炊きあがったごはんは硬く，沸騰継続時間が長くなると次第に軟らかくなり，沸騰継続20～25分で硬さの変化は小さくなった。炊きあがり直後のごはんの糊化度も，加熱時間が短いと低い値となっており，糊化に関して不足の状態であることを示している。沸騰継続時間が15分以上になると糊化度の値は94～95％程度となり，すべて十分に糊化していることを示す値となった。

　また，24時間低温に保存すると，沸騰継続時間が短いほど硬さの値は大きく，糊化度の値は小さくなっており，ごはんが硬くなる現象（老化）が進んでいた。このことは，沸騰継続時

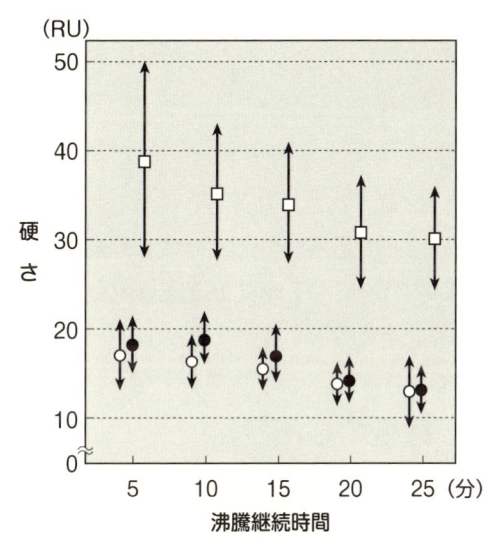

○ 直後　● 2時間後　□ 24時間後

- 2時間後：20℃ 2時間保存
- 24時間後：始めの2時間は20℃，あとの22時間は5℃に保存
- 沸騰継続時間が長くなるほど，硬さの値は低くなり，老化が抑制される。

図3-12　沸騰継続時間が異なるごはんの硬さの変化

表3-2　沸騰継続時間が異なるごはんの糊化度

(%)

沸騰継続時間	5分	10分	15分	20分	25分
炊　飯　直　後	86.3	93.6	94.7	94.5	94.7
炊飯24時間後*	78.4	81.0	83.2	83.2	87.1

*始めの2時間は20℃，あとの22時間は5℃に保存

間が短いとでんぷん分子の分散が十分に行われていないため，分子の再配列が起こりやすい状態にあることを示唆していた。

炊きあがったごはんを食べ比べてみたところ，沸騰継続時間が20分以上のごはんが，適度な硬さと粘りを有し，おいしいごはんであると評価された。水とともに激しく沸騰させる沸騰期の時間は5分前後であるので，次の**蒸し煮期は焦がさないよう火力に注意しながら，15分以上確実に100℃に近い状態を保つことがポイント**となる。

6　最後のしあげ

蒸らし

蒸し煮期が終了すれば，でんぷんの糊化はほぼ完了しているが，その時点で食べると水っぽく芯を感じる炊きあがりとなっている。この状態がごはんらしい触感に変わるように，最後のしあげを行う。これを蒸らし操作という。

蒸らしとは，消火後蓋（ふた）をあけずにそのまま10〜15分位置いておく操作である。この操作を行っている間の鍋内での温度変化と水蒸気含有率の変化を図3-13に示す。消火すると鍋内の温度は低下していき，特に空間部での温度低下が進む。消火時に鍋空間部にあった水蒸気の一部は蒸発していくが，一部は温度低下に伴い冷やされて水になり，ごはんの表面に吸収されていき，鍋内に含まれる水蒸気の含有率は低下していく。飯粒間にあった水も鍋内の温度が少し低下することによって水として飯粒に吸着する。このような水の挙動は飯粒の状態を変化させる。

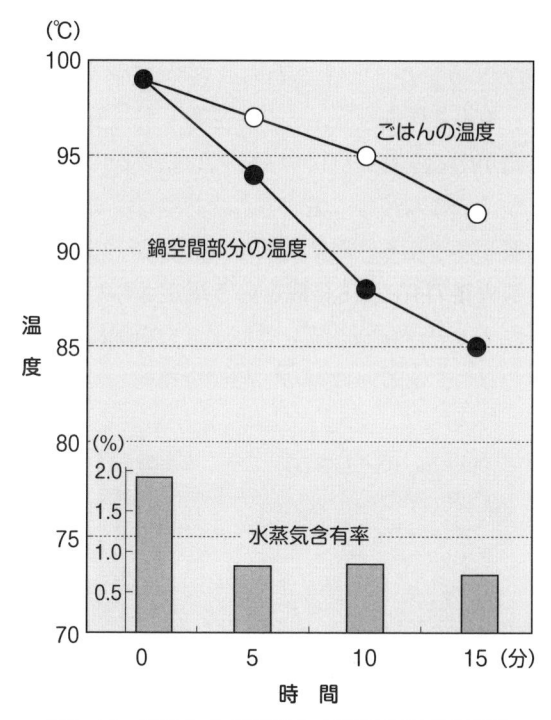

図3-13 蒸らし中の温度と水蒸気含有率の変化

　消火直後蒸らさずにすぐに蓋を開けた場合と，蒸らし操作を15分行った飯粒断面の顕微鏡写真を示した（写真3-3）。左側が消火直後，右側が15分蒸らした飯粒の写真である。

　消火直後の飯粒では飯粒の表面に近いところにある細胞はまだ形が残っており，中心部の細胞もしっかりした形をとどめている。このような状態が蒸らしを行わないごはんを水っぽく，芯があると感じさせていると考えられる。このように，ごはん

としては未完成な状態であった米飯を15分間蒸らすと、写真3-3の右側のようになる。すなわち、表面に近い部分の細胞は形が崩れ、中心部の細胞もふくらみを増した状態になる。このような変化が生じると、口に含んだ時に軟らかく粘りを感じるようになり、ごはんとして完成された状態になる。

ごはんとしてのしあげが都合よく行われるのに**必要な蒸らし時間は、消火後の10〜15分間という限定された範囲内である**ことを忘れてはいけない。蒸し煮期までを順調に行っても、蒸らしを行わない、あるいは蒸らし時間を短縮してしまったごは

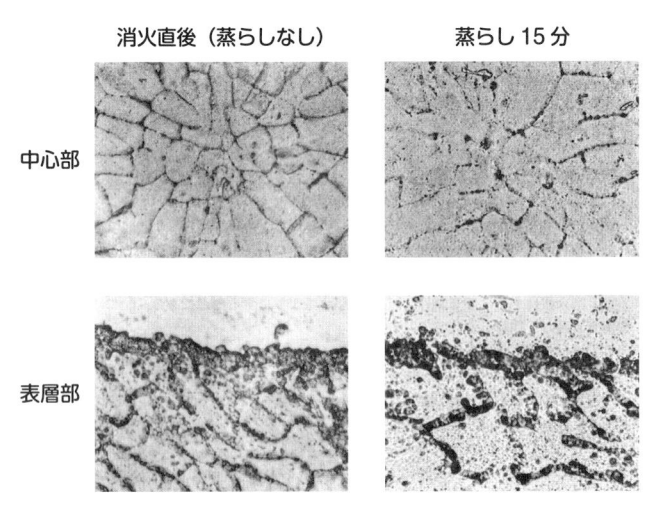

	消火直後（蒸らしなし）	蒸らし15分
中心部		
表層部		

- 蒸らしを行うと、表層部の細胞の形は崩れた状態になり、ごはんに粘りが出る
- 蒸らしを行うと、中心部の細胞の膨潤が促進され、糊化も進む（90.2%→93.9%）

写真3-3　蒸らし時間が異なる飯粒横断面の顕微鏡写真（100倍）

んはまずい炊きあがりとなる。蒸らし操作を正しく行うことによって、初めてごはんは完成する。

　15分よりも長く蒸らしを続けると、鍋内の温度はさらに低下していくため、水蒸気は冷やされて水となり、蓋や鍋肌に付着する。この水分は蒸発することはないため、最終的にはごはんに吸収されることになる。この余分な水分の吸収によってごはんは水っぽく、まずいしあがりとなってしまう。蒸らし時間が長くなるにつれて鍋内のごはんの水分がどのように変化するかを調べた結果が図3-14である。鍋内の4つの部位のうち、特に鍋肌を伝って落ちる水分が多い鍋肌上部のごはんの水分含量の増加は著しく、鍋内の場所によって水分が異なるという、不均一化が進行していることを示していた。

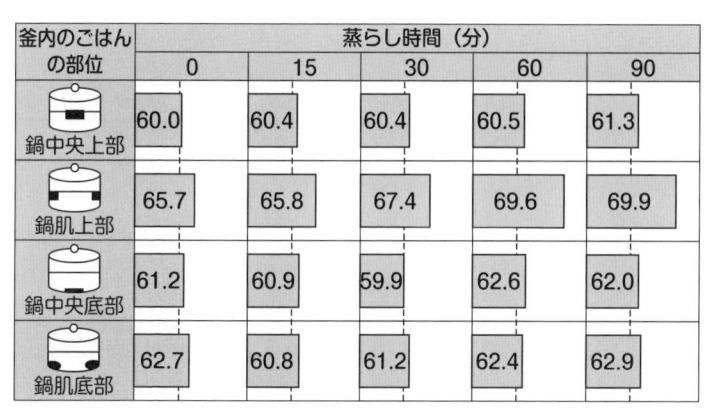

釜内のごはんの部位	蒸らし時間（分）				
	0	15	30	60	90
鍋中央上部	60.0	60.4	60.4	60.5	61.3
鍋肌上部	65.7	65.8	67.4	69.6	69.9
鍋中央底部	61.2	60.9	59.9	62.6	62.0
鍋肌底部	62.7	60.8	61.2	62.4	62.9

●……は、水分含有率60%の目盛を示す。
●蒸らし時間が長くなると、鍋肌上部の水分が増加し、部位間の差が大きくなる。

図3-14　蒸らし時間が異なるごはんの部位別水分含有率

また，蒸らし時間が長くなりすぎると，飯粒同士の接着が強まり，しゃもじで混ぜるときに強い力が必要となり，力をいれて混ぜると飯粒が壊れるため，不要な粘りがでて，まずいごはんになる。**蒸らしは長すぎず，短すぎず，適度に行うことが肝要**である。

　自動炊飯器では蒸らしが終了した途端に保温に切り替わり，一見蒸らしが継続されたかのような状態になっている。しかし，"蒸らし"と"保温"は全く違った操作である。**蒸らしが終了したらすぐに蓋をあけ，さっくり混ぜて余分な水分を飛ばす**。この時が一番の食べどきである。その後は70℃位の温度で保存している状態（保温）となっており，この間にごはんの性状は蒸らし直後の状態からは段々かけ離れていく。炊飯器でごはんを炊くときは，"蒸らし"と"保温"の違いをしっかり認識して使いたい。

蒸らしと保温は違うよ！
蒸らし終えたら，すぐに蓋をあけ，さっくり混ぜよう。

7　保存後もおいしいごはんの条件

　ごはんの調理で大切なことのひとつは，主成分のでんぷんを糊化させることであった。このためには適量の水を加え，浸漬操作によって米粒の中心部まで水を吸水させて糊化のための準

備をしっかり行うことが第一のポイントであった。次に加熱操作で糊化を十分に行うことがポイントとなることを先に述べた。この条件が満たされた上で,次に蒸らし操作を行い,ごはんとしての最後のしあげを行う。これらが確実に行われたごはんは,保存中にでんぷん分子が再配列してごはんが硬くなる現象(老化)が抑制され,冷めても,あるいは冷凍保存後解凍してもおいしく食べることができる。

　加水量が少ないごはんは表3-3に示すよう,24時間低温に置いた場合の糊化度の値がかなり低下しており,老化の進行が著しいことを示している。また,沸騰継続時間が短いごはんは,冷蔵保存により老化が進行していることは先に記している(p.57,表3-2参照)。このような,炊飯条件が良好でないごはんは,冷凍保存後解凍すると品質の低下が著しい。また,食味評価の低い米で炊飯したごはんも冷凍保存後の評価は低かった。**食味良好な品種を選び,炊飯条件を十分にクリアさせることが,保存しておいても再びおいしく食べることができるごはんを炊飯する条件**となる。

表3-3 米に対する加水量が異なるごはんの糊化度

(%)

米に対する加水比(倍)	1.0	1.1	1.2	1.3	1.4	1.5
炊 飯 直 後	96.1	95.4	95.3	94.5	94.0	95.4
炊 飯 24 時 間 後*	81.7	83.9	84.6	89.1	88.8	90.3

*始めの2時間は20℃,あとの22時間は5℃に保存

8 正しく使おう炊飯器

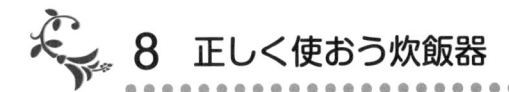

　現在,炊飯は自動炊飯器によって簡単に行える時代になった。米を洗って釜に入れ,スイッチを押せばそのままごはんが炊きあがる。この利便性が,炊飯に対する心構えを安易なものにしていることも否めない。炊飯器は先に述べた加熱と蒸らしの過程が自動的に行えるようプログラミングされているが,**洗米や加水量の決定,吸水時間の設定などは人が行う操作**となる。

　また,蒸らし終了後ただちに蓋を開け,**炊飯を完了させる操作も人の手が必要**である。これらに対する注意事項は炊飯器の使用説明書に必ず記載されているので,炊飯器の使用にあたっては,まずは説明書をよく読んで,正しく炊飯器を使うよう心がけたい。説明書によるおいしいごはんのコツの概略は,以下のようになる。

① 米を選ぶ。
　・割れ米が少なく,つやと透明感のある米を選ぶ。
　・精米してから2週間以内を目安に使って！
② 米を正しく量る。
③ 手早く洗う。
④ 正しく水加減する。
⑤ 炊きあがったら,すぐほぐす。

最初に発売された電気炊飯器

　米を入れる釜（内釜）と加熱する釜（外釜）を二重にして，加熱用の外釜に水を入れて沸騰させ，このエネルギーを使って炊飯する仕組みになっており，1955（昭和30）年に初めて発売された。外釜の水が蒸発してなくなると，釜の温度が急上昇して100℃を超え，それをサーモスタットが検出してスイッチが切れる。この原理を使って，炊きあがると同時に自動的にスイッチが切れる自動炊飯器が初めて可能となった。　　　　　　　（口絵　写真1参照）

●参考文献●

- 貝沼やす子，長尾慶子，畑江敬子，島田淳子：洗米方法が米の食味に与える影響，調理科学，**23**(4)，419-423，1990
- 関千恵子，貝沼やす子：米の調理に関する研究（第2報）炊飯条件としての浸水時間，家政学雑誌，**33**(5)，228-234，1982
- 松元文子，吉松藤子（編）：四訂調理学実験，柴田書店，p.11，1997
- 貝沼やす子：温水浸漬が低温保存米飯のテクスチャー変化に及ぼす影響，日本家政学会誌，**51**(2)，129-135，2000
- 伊藤純子，香西みどり，貝沼やす子，畑江敬子：米飯の炊飯特性に及ぼす各種調味料の影響（第1報），日本食品科学工学会誌，**51**(10)，531-538，2004
- 貝沼やす子，関千恵子：米の調理に関する研究（第3報）炊飯条件として（沸騰に至るまで）の加熱速度，家政学雑誌，**34**(11)，690-697，1983
- 関千恵子，貝沼やす子：米の調理に関する研究（第4報）炊飯条件としての沸騰継続時間，家政学雑誌，**37**(2)，93-99，1986
- 貝沼やす子，江間章子，関千恵子：米の調理に関する研究（第6報）炊飯条件としての蒸らしの効果，日本家政学会誌，**39**(9)，969-977，1988

第4章
ごはんを科学する

非常食に便利なアルファー化米
（水あるいはお湯を注げばたちまちごはんに！！）

1 でんぷんの糊化

　米をごはんにするには適量の水を加え、水を吸わせながら加熱し、沸騰状態を20分以上継続し、消火後は15分ほど蒸らし操作を行うことについては**第3章**で述べた。この調理操作によって米は食べておいしく、消化もできるごはんに変わる。このとき最も大きく変化しているのが、米の主成分であるでんぷんである。

　でんぷんは、グルコースが直鎖状につながったアミロースとグルコースが枝分かれして連なるアミロペクチンという2つの大きなでんぷん分子で構成されていることについては、すでに**第2章**に示した。これらの分子が寄り集まってでんぷんを構成する場合、グルコース鎖が規則正しく配列した部分が存在していると考えられている。このグルコース鎖が規則正しく配列した部分は、水分が入る隙間もないくらい緻密な構造（図4-1-①）となっており、**ミセル構造**とも呼ばれている。このようなミセル構造をもつのが**生でんぷん（β-でんぷん）**であり、この状態では消化酵素も反応できず栄養にならない。

　そこで、でんぷんを主成分とする食品の場合はこのミセル構造をゆるめて消化できるようにする操作が必要となる。米のように水分が少ない食品の場合は、水を加えてから加熱を行う。水を加え、加熱することによって、まずミセル構造がゆるんで水分子がミセル内に入り膨潤する。さらに加熱が続くと大部分

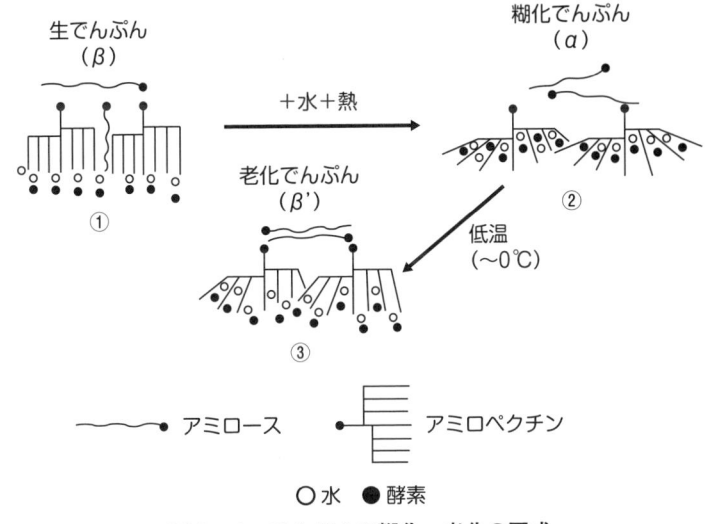

図4−1 でんぷんの糊化，老化の図式
(松永ほか，家政学雑誌，**32**，655，1981 に一部加筆)

のミセルはゆるんでばらばらになるが，アミロース，アミロペクチンは分子量が大きいため，互いに接触して分子同士が複雑につながり合い，分子全体が引きずられて動くいわゆる糊状となる（図4-1-②）。このような状態に変えることを**糊化**と呼び，このような状態になったでんぷんを**糊化でんぷん（α-でんぷん）**と呼ぶ。

米をごはんにする炊飯という調理は，まさにこの変化を米でんぷんに起こさせているのである。**でんぷんの糊化には少なくとも30％の水が必要**とされており，これより少ない水分の場合は加水が必要となる。ごはんの場合は炊きあがりの硬さを考

慮して米の重量のおおよそ1.5倍の水を加えており、この時点では66％程度の水分となり、糊化に必要な水は十分に与えられた状態での加熱となる。炊飯後のごはんは蒸発水分が差し引かれ、おおよそ62％前後の水分となっている。米の場合は、放射状に並んだ細胞の中にでんぷんが詰まった形になっているので、**でんぷんの糊化には98℃以上で20分以上の加熱が必要**であるとされており、**第3章**で述べたように、沸騰期、蒸し煮期をあわせて20分以上確保するようにしている。

　98℃以下での加熱では糊化が十分に行われないため、できるだけ100℃に近い温度での加熱が理想である。富士山のような高い山の山頂では気圧が低く、100℃より低い温度で沸騰状態となるため、おいしいごはんを炊くことは難しくなる。また、圧力鍋を使って100℃より高い温度で加熱をする場合は、温度を上げすぎないよう気をつけなければならない。120℃にも及ぶ高温で加熱すると、細胞内のでんぷんが飛び出し、米粒の表面に付着して粘り気が増し、通常のうるち米とは異なる、もち米のような食感のごはんに変わってしまう。100℃よりちょっと高い温度帯が望ましいとされる。

2　でんぷんの老化

　糊化したでんぷんを低温に置いておくと、でんぷん分子が再配列して規則性をもつようになっていき（p.69, 図4-1-③）、次第に硬くなってくる。この現象を**でんぷんの老化**という。

でんぷん分子が再配列する際には，移動に伴う熱（老化熱）が発生すると考えられる。この老化に伴う発熱量は非常に小さいものであるが，伝導型微少熱量計という特殊な測定機器を使って測定することが可能である。微量であっても熱が発生すればピークを生じ，このピークの大きさで再配列の進み具合が比較できる。ピークが大きければ老化が進行したことを示し，ピークが小さければ老化の進行は少ないと推察できる。

　10℃と25℃に保存した場合の老化に伴う熱の発生状況を調べたのが図4-2である。かびの発生等の影響を避けるため，無菌状態での保存を試みた。25℃で保存した場合は熱の発生は認められず，老化の顕著な進行は起こっていないことを示す結果

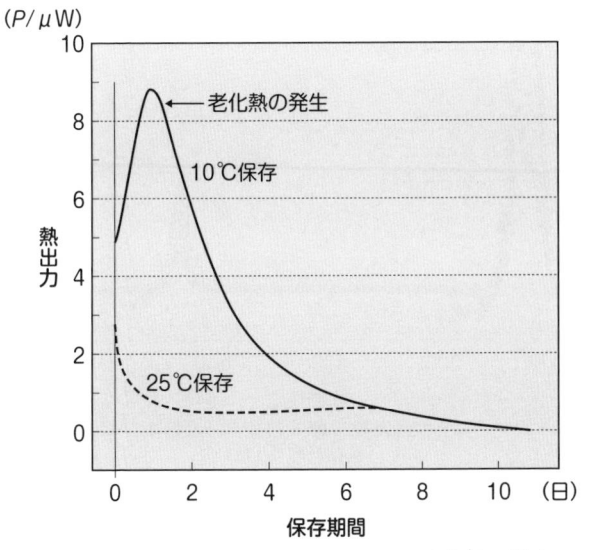

図4-2　伝導型微少熱量計による老化熱の測定

であった。一方，10℃に保存した場合は1日後にかけて高いピークが認められ，でんぷん分子の移動に伴う老化熱の発生が認められた。

　老化熱の発生が収束に近づき，老化がほぼ完了したと思われる4日後と，さらに保存を継続した8日後，そして炊飯直後（0）の飯粒の硬さを測定した結果が図4-3である。炊飯直後の0日に比較して，4日後の硬さの増加は著しく，**ごはんは冷蔵保存**

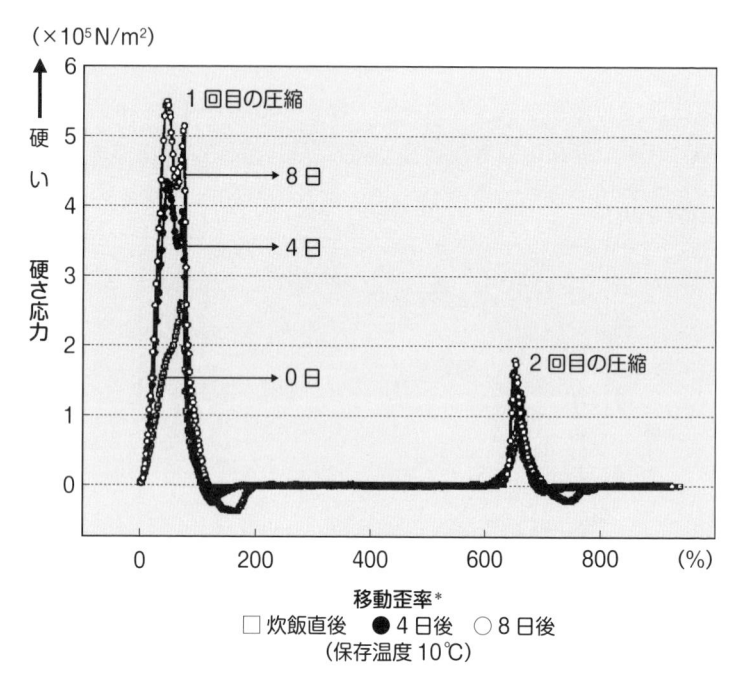

($\times 10^5 \text{N/m}^2$)

移動歪率*
□ 炊飯直後　● 4日後　○ 8日後
（保存温度10℃）

*1回目の圧縮で移動した距離を100％とし，2回目の圧縮・除重後までの移動距離を割合で表したもの

図4-3　冷蔵保存した米飯粒の硬さの変化

によって老化が進行し，硬くなることを示していた。実際，ごはんを冷蔵庫で保存しておくと硬く，ぽろぽろしてくるのはよく経験するところである。この変化は冷蔵庫の中のような**5℃前後の低温で，また水分が30〜60％の範囲で最も起こりやすい**とされている。ごはんは水分約62％前後と老化しやすい水分を含有しているので，時間経過によるでんぷんの老化は避けることができない。

水分が10％以下では老化は起こりにくく，せんべいなどはこの水分閾を利用して保存性を高めている。糊化させたごはんからすぐに水分を飛ばして10％以下とし，乾物状態にした**アルファー化米**も同様の理由で保存性が高まる。このアルファー化米は，飛ばした水分に相当する湯あるいは水を再度補えば，ほぼ元のごはんの状態に戻るので，非常時用の食料としては有効である。また，**水との親和性が高い砂糖を添加すると，結果的にでんぷんに対する水分の割合が少なくなり，老化の抑制効果を期待できる**。もち米の粉である白玉粉に砂糖，水あめなどを加えて練り上げた「ぎゅうひ」などの，砂糖を加えた和菓子が硬くなりにくいのは，このような理由による。米加工品の水分と保存性については表4-1にまとめた。

干し飯（糒）

ごはんを乾燥させてぱらぱらにしたもの。古来より兵糧として発達してきたが，旅行の時などにも携帯食としても利用された。水を加えると飯状のものにもどる。現在のアルファー化米の元祖ともいうべきものである。

表4-1 米加工品の水分と保存性

米加工品	水分	時間経過に伴う変化
おにぎり	57.0	冷蔵庫に保存すると硬くなり、日持ちしない
うぐいす餅	40.0	冷蔵庫に保存すると硬くなり、日持ちしない
柏餅	48.5	冷蔵庫に保存すると硬くなり、日持ちしない
草餅	43.0	冷蔵庫に保存すると硬くなり、日持ちしない
ぎゅうひ	36.0	硬さが変化せず、日持ちする 室温保存可
あられ	4.4	硬さが変化せず、日持ちする 室温保存可
塩せんべい	5.9	硬さが変化せず、日持ちする 室温保存可

でんぷん分子の動きを止める手段として、水を凍らせて分子の移動が起こらないようにして保存する方法がある。いわゆる冷凍保存である。冷凍したごはんを自然解凍すると、温めなおさなくても食べられる軟らかさを留めている場合が多い。凍結するまでに少し老化は進むが、いったん冷凍させればその後の老化はストップする。ごはんは冷蔵保存よりも冷凍保存がすすめられるのはこのような理由による。鈴木らによれば、−20℃で冷凍保存したごはんは、その後−5℃に保存してもごはんの品質に特に変化はみられず、凍結状態にあれば老化が抑制され、糊化状態を保つことができるとしている[1]。**冷凍ごはんは、まずはできるだけ低い温度で一気に冷凍するとよい**。いったん冷凍してしまえば老化の進行は止まるので、その後の冷凍保存温度が少々高くても、品質的には特に問題は起こらない。冷凍ごはんの保存・流通は−5℃でも可能であるということになる。

老化により硬くなったものは、**再加熱することにより**β−で

んぷんがα-でんぷんに戻り,軟らかく,消化のよい状態に戻る。冷蔵しておいたごはんを再加熱して食べるのは,この変化を起こさせているのである。

3 米の成分とごはんの食味

　米のでんぷんはアミロースとアミロペクチンの2つの大きな分子から構成されており,**粘りを強くするのはアミロペクチン**である。日本のうるち米ではアミロースが20％程度,アミロペクチンが80％程度とされるが,食味がよいとされる品種では,アミロース含量がさらに低く,17％程度とされている。また,でんぷんの分解産物である遊離糖は甘味に関与する成分となる。

　米のたんぱく質はでんぷん粒を覆うような形で米細胞組織中に存在しており,含有量が増えるに従いごはんは粘りがなく,硬い炊きあがりとなる。**日本人好みの,粘りがあり,弾力もあるごはんに炊くには,たんぱく質量は少ない方が適している**ため,たんぱく質量を7％以下に抑えた米が推奨されている。また,たんぱく質の分解産物である遊離アミノ酸は,ごはんのうま味に関与する可能性は大きいと考えられる。

　米の脂質は糠部に多く,搗精で除去されて精白米では約1/3となるが,わずかでも存在する**脂質の変敗がごはんの食味を低下させる**ので,注意が必要である。保存中に米に含まれるリパーゼ（脂肪分解酵素）によって脂肪酸とグリセリンに分解され,

この**脂肪酸が古米臭の原因になる**ことがわかっている。十分に糠部が除去されている米を使い，できるだけ早めに使い切るようにしたい。

米の無機質では，玄米におけるミネラル比率（マグネシウム含量/カリウム含量）の高い米の食味が好まれるとの報告がある。

4　米のおいしさを機器で判定

米に含まれる化学成分が，ごはんのおいしさを決定する要因になっていることが明らかにされてきた。そこで，ごはんの食味に関連する米の成分を測定して，米の状態での食味判定を行うことを目的に開発されたのが，**米の食味測定装置（食味計）**である。10社近いメーカーが米の食味測定装置を発売しており，食味に関連する基本的な項目に，各社独自の測定項目が加えられ，各社各様の特徴を備えた機器となっている。

基本的な成分としては水分，アミロース，たんぱく質等があげられる。米は適度な乾燥状態であることが求められるため，まずは水分値がひとつの判断の目安となる。食味に最も大きく影響してくるのが，主成分のでんぷんを構成するアミロースの比率である。たんぱく質はその含量が多い方が栄養的価値は高くなるが，たんぱく質含量が多いと硬く粘りが少ないごはんになる傾向にあり，好まれないので，たんぱく質含量も重要な食味判定の要因となる。また，米の脂質はでんぷんやたんぱく質に比較してその含量は少ないが，貯蔵中に分解して遊離脂肪酸

が増加すると、米の品質劣化の原因となる。この劣化の程度には、遊離脂肪酸量から測定した脂肪酸度が指標となる。

このような、ごはんのおいしさに関連した米成分に由来する項目の測定結果と、実際に炊いたごはんで行った食味試験（人がおいしさを評価する試験）の結果とを関連させた食味推定式ができれば、これらの項目の測定値からある程度米のおいしさを評価することができる。「食味計」と呼ばれる機器は、このような考え方を導入して設計されている。米販売業者が店頭で「食味値」などとしてあげている数字が、この機器による測定値である。**米成分の測定には、近赤外線領域の光を測定対象に照射して、非破壊状態で、簡易に、かつ迅速に測定する方法などが採用されている**（図4-4-①）。また、米を加熱したときに生じる米粒表層の粘りを伴った膜を測定する、全く異なった理論に基づく食味計も開発されている（図4-4-②）。これらの機

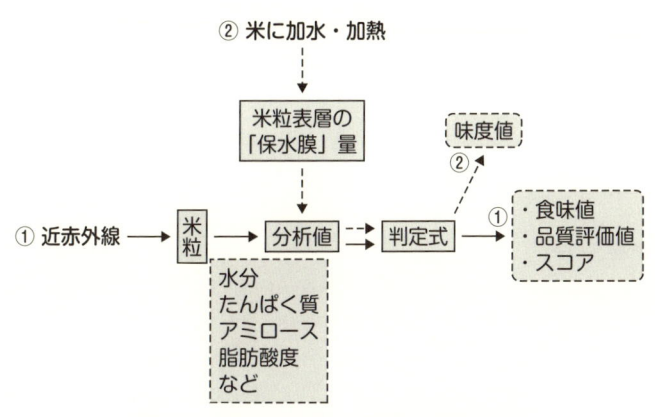

図4-4　食味を測定する機器の測定方式

器で測定された食味値は絶対的な評価ではないが，ごはんにしたときのおいしさを予測させる，ひとつの目安にはなっている。

●引用文献●
1) 鈴木一成：米飯の老化に及ぼす保存温度の影響，家政学雑誌，**40**(11)，983-986，1989

●参考文献●
・松永暁子，貝沼圭二：澱粉質食品の老化に関する研究（第1報）米飯の老化について，家政学雑誌，**32**(9)，653-659，1981
・貝沼やす子，佐原秀子，原田茂治：米飯の老化熱とテクスチャーとの関係，日本食品科学工学会誌，**51**(12)，665-671，2004
・米の食味評価最前線，全国食糧検査協会，1997

第5章
味や色の変化を楽しむごはん

(茶畑)

(夏みかんの木)

緑茶や柑橘果汁とのコラボレーション!!

1 しょうゆでしっかり味付けごはん

　さくら飯や五目ごはんなどは，食塩としょうゆで調味して炊飯し，ごはんの上をそぼろ状のひき肉や卵で飾ったり，鶏肉・にんじん・こんにゃく・ごぼう・しいたけなどを炊き込んでしあげる。しょうゆによる色と味を他の具材とともに楽しむ調理である。しょうゆ味ごはん（さくら飯）の基本的な配合は以下の通りとなる。

〈材料（1人分）〉

米	80 g	
水	110 g	（本来の加水量である米の重量の150％＝120 gから酒，しょうゆの分量を差し引いた量）
酒	6 g	（本来の加水量120 gの5％）
しょうゆ*	3 g	（本来の加水量120 gの2.5％）
塩*	0.6 g	（本来の加水量120 gの0.5％）

　*しょうゆと塩を合わせた塩分量は本来の加水量の約1％

　洗った米に水，調味料を加えて加熱すればしょうゆ味ごはんが炊きあがるが，調味料を添加する時期に注意が必要となってくる。図5-1に示したように，**しょうゆの添加は浸漬初期の米の吸水を著しく妨げるので，米を水につけておく時間が短い場合は加熱直前に調味料を添加する**ようにする。あらかじめ米に吸水させておき，調味は炊く直前に行えば，米への吸水が妨げられることはないからである。米を2時間くらい水につけてお

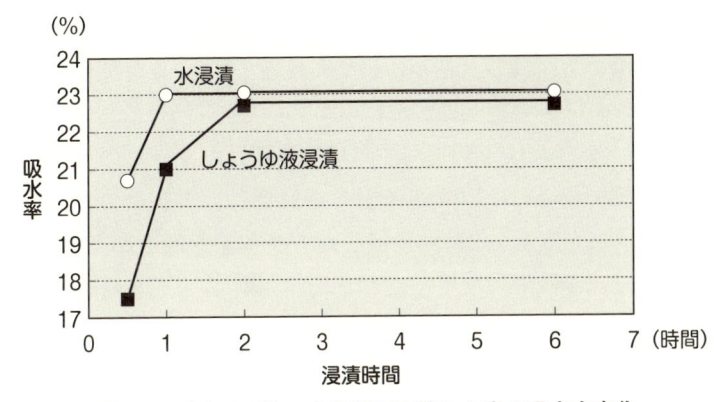

図5-1 水およびしょうゆ液に浸漬した米の吸水率変化

ける場合は，しょうゆを加えた液に米をつけておいても，水につけておいた場合とほぼ同程度吸水は進んでおり，吸水率に関しては特に問題は起こらない。

　米を水につけておいて，炊く間際に調味料を入れた場合（水浸漬）と，最初から調味料を加えた液につけて置いた場合（調味液浸漬）の，炊飯後のごはんの食味について評価した結果が図5-2である。加熱直前に調味料を添加する水浸漬法を□，最初から調味液につけておく調味液浸漬法を■で示す。それぞれ30分浸漬と2時間浸漬の場合について評価した。30分浸漬では，水浸漬（□），調味液浸漬（■）ともに硬めで粘りが弱いと評価され，水浸漬の場合も30分では適度な硬さに至っていないことが示された。調味液に浸漬しておいた場合は水浸漬よりもさらに硬く，粘りが弱いと評価されており，調味液に浸漬したため吸水が遅れ，糊化の進行にも遅れが出たものと考えられ

1　しょうゆでしっかり味付けごはん

る。2時間浸漬しておけば，水浸漬（□），調味液浸漬（■）いずれの場合も，硬さ，粘りは適度と評価された。2時間つけておけば，調味料の有無にかかわらず米の吸水はほぼ飽和状態に達していることは図5-1（p.81）でも確認したが，このような吸水状態であることが硬さや粘りの評価にも表れたのであろう。総合評価では，2時間浸漬した方がやや評価は高く，2時間浸漬では調味液に浸漬しておいた方（■）がさらに評価は高い傾向にあった。**2時間程度の吸水時間がとれるのであれば，調味液に米を浸漬しておく方法がおすすめである。**

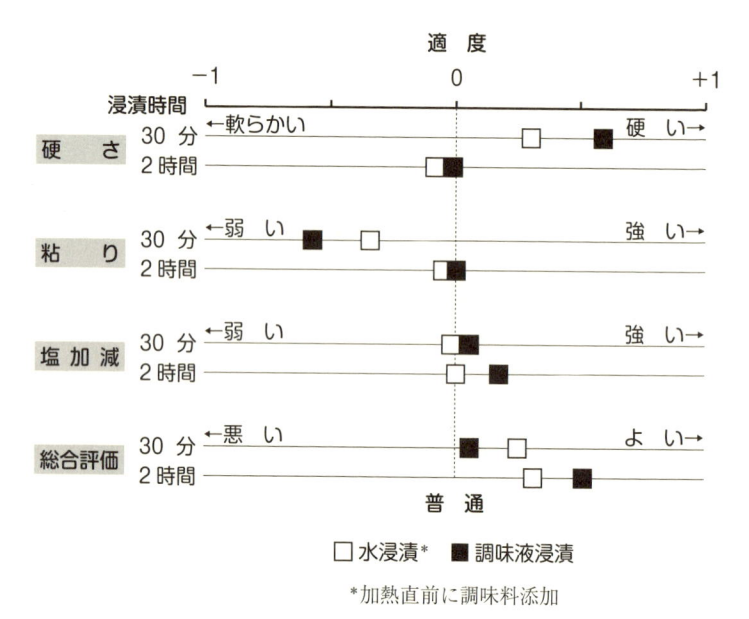

図5-2 調味料添加時期および浸漬時間が異なる味付けごはんの食味評価

また、**しょうゆが添加されると加熱中の泡立ちが悪くなり、蒸発が抑制される**ことも知られている。しょうゆを添加して炊く場合は、通常のごはんよりも**加水量を10%程度減らす**ことが、おいしく炊きあげるポイントとなる。

　ところで、具材とともに炊き込む**共炊きごはん**では、添加した調味料が具にも吸収されるため、米と具に対する調味料の配分を考慮する必要がある。炊き込みごはんによく使われる油揚げ、にんじん、鶏肉、こんにゃくを試料とし、それぞれを米と一緒に炊き込んだ場合の、具材とごはんが吸収するナトリウム量の比率を示したのが図5-3である。具によって吸塩量は異なっており、**油揚げは最も調味料を吸収しやすく**、次いで、にんじん、鶏肉であり、**こんにゃくは最も吸収しにくかった**。ごはんのナトリウム量はこんにゃくを炊き込んだ場合が最も多くなり、鶏肉、にんじん、油揚げの順に少なくなっていき、炊き込む具材によってごはんの味が変動することを示唆していた。

　共炊きによる炊き込みごはんの場合、ごはんの味を一定にするためには、炊き込む具材に吸収される塩分量を概算した上で添加することが求められる。ごはん、具材いずれにも適度に味が付くようにしあげようと思うと、調味料の計算は大変難しく

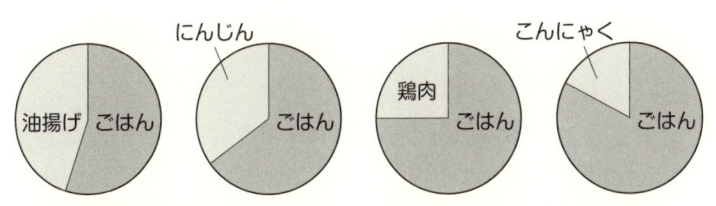

図5-3　味付けごはんのごはんおよび具へのナトリウム吸収率

なる。具材を別に炊いておき，あとでごはんと合わせる**別炊き法**は調味料の量が決めやすく，失敗の少ない方法である。

● **自動炊飯器を使わずに鍋でしょうゆ味ごはんを炊くpoint**
- ・泡立ちにくいので
  沸騰開始の時期をしっかり確認する！
- ・加熱中の蒸発水分量が少ないので
  加水量をやや少なめにする。
  加熱時間を長くする。

2 素材の味や色が生かせる塩味ごはん

　いもごはん，えんどう豆ごはん，くりごはん，菜飯(なめし)などには食塩で調味した塩味のごはんが用いられる。ごはんの塩味は，いもやえんどう豆の味と色を引き立たせる。**食塩の添加も米の吸水を妨げる**ので，米を水につけておく時間が短い場合は，炊く間際に食塩を添加するようにする。**添加される食塩の量は，加水量のおおよそ1％程度の量が目安**となる。

　いもやくりは主成分がでんぷんであり，かつ糊化に必要な水分を含んでいるので，これらに対する加水は不用である。炊く直前にこれらの材料を釜に入れて，米と一緒に炊飯すればそのまま糊化して煮えた状態になる。

　えんどう豆やえだ豆などの未熟な豆類を炊き込む場合は，未熟な豆のもつ緑色が少しでも生かせるようにと，豆への加熱を短くするために沸騰直前に蓋をあけて豆を入れるという，炊飯

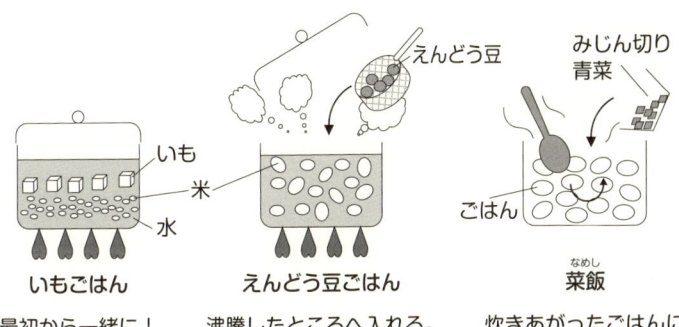

いもごはん　　　　　えんどう豆ごはん　　　菜飯(なめし)

最初から一緒に！　　沸騰したところへ入れる。　炊きあがったごはんに
　　　　　　　　　豆を入れたらすぐ蓋をする。青菜を混ぜ込む。

図5-4　塩味ごはん

では異例の操作を行う。豆を入れた後は直ちに蓋をし，なるべく早く沸騰状態にもどるように加熱する。いずれも具材を一緒に炊き込む共炊きにすることによって具材の風味がごはんに加わり，おいしくなる。

水分の多い青菜を刻んで入れてしあげる菜飯は，青菜の緑色を生かすため別にゆでて刻んでおき，食塩を入れて炊きあげたごはんに混ぜ込んでしあげる。ほのかな塩味がごはんと具材の味を引き立たせ，具材の色も損なわれないごはんの調理法である。

3　酸味を生かすごはん

　酸味を生かすごはんの代表格はすし飯であり，硬めに炊きあげた白飯に調味酢（飯の重量の6～7％程度の酢，飯の重量の0.7％

程度の食塩，飯の重量の1.2〜2.5%程度の砂糖を混ぜ合わせて調整したもの）を混ぜ合わせてしあげる。ごはんが熱いうちに調味酢を混ぜると，飯への浸透が速やかに進んで味がなじむ。うちわ等であおぎながら一気に冷やすとすし飯につやが出るといわれている。いろいろな具材を巻いて巻きずしにしたり，すし飯の上を刺身や錦糸卵，そぼろなどで飾ってちらしずしにして楽しむ。他にも握りずしや押しずし，いなりずし，茶巾ずしなど，その種類は多く，巻き込む具材や，挟んだり，乗せたり，包んだりする具材の種類を変えていけば，限りなく多様な広がりをみせることになる。

調味酢については，**酸味と甘味を併せもつ柑橘果汁での代用**が考えられたので，柑橘果汁を使ってすし飯を調理することを試みた。**果汁にはクエン酸を主とする有機酸が含まれているためpHは低いが，グルコースやフルクトース等の甘味を呈する糖も含まれており**，酸味と甘味を同時に含む合わせ酢にはもってこいの素材である。甘夏みかんと夏みかんの酸量とpH，糖量を測定した結果が表5-1である。夏みかんの方が酸量は高く，pH，糖度はともに低く，酸味の強い果汁であることがわかる。

合わせ調味酢に柑橘果汁を利用しようと考えたそもそものき

表5-1 果汁の酸量・pH・糖度

	酸量（%）*	pH	糖度（brix）
甘夏みかん	1.1	3.5	9.6
夏みかん	1.9	3.1	8.0

*クエン酸としての酸量（%）

っかけは，夏みかんの果物としての需要が落ち込んでいることへの対策であった。そこで，できるだけ多くの果汁を消費できるよう，炊いたごはんにかける合わせ酢として使うのではなく，炊飯水として利用することを試みた。柑橘果汁を水の20〜60％までの10％刻みにして代替添加した炊飯液を調製し，その際の酸量と糖量の関係をプロットしたのが図5-5である。料理書によるすし飯用合わせ酢の酸量と糖量の関係は濃いグレーで示した範囲内にある。甘夏みかんの場合は30％，40％添加すると酸味，甘味ともに，そのまま料理書によるすし飯用合わせ酢の範囲に入ってくる。夏みかんは30％を超えたあたりから料理書によるすし飯用合わせ酢の範囲をはずれていき，酸

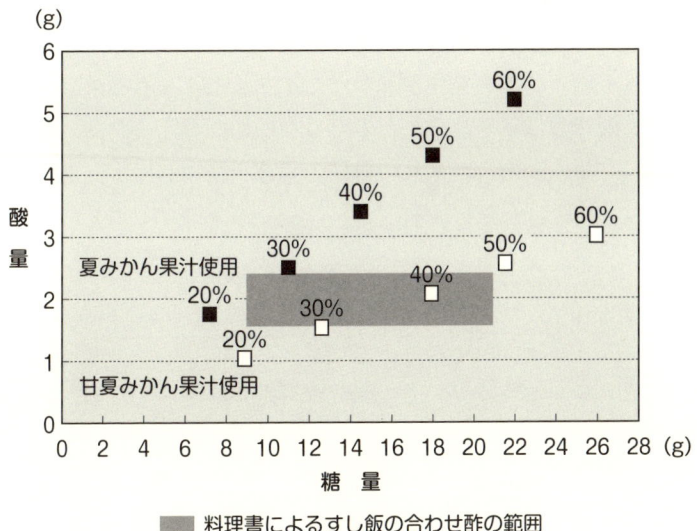

図5-5 炊飯液の酸量と糖量

量の増加が著しく、かなり酸味が強くなることが示された。

これらの果汁を代替添加し、砂糖は特に加えず、液量の0.5％の食塩を加えた炊き込みすし飯の食味評価を行った。夏みかんの果汁添加飯の官能検査の結果を図5-6に示す。夏みかん果汁飯では、添加量が20〜30％では色、酸味がうすく、味のバランスもあまりよくないと評価されている。添加量が50〜60％になると、黄色みは濃くなり、酸味が非常に強く、突出した酸味が味のバランスを悪くしており、ごはんの粘りが強いという評価であった。加水量の40％を添加したものが、すべての項目の評価が「ちょうどよい」あたりにあり、最も好ましい添加割合であると判断できた。甘夏みかんではさらに多い60％添加量が好まれた。これらの添加量は、図5-5（p.87）で示した炊飯液での酸量と糖量の関係からみると、かなり酸量が大きくなっている。加熱操作が加わったことにより、有機酸等が蒸発し、酸味の低下が起こったのではないかと考えられる。夏みかん、甘夏みかん、いずれの柑橘の果汁を使用しても、加熱す

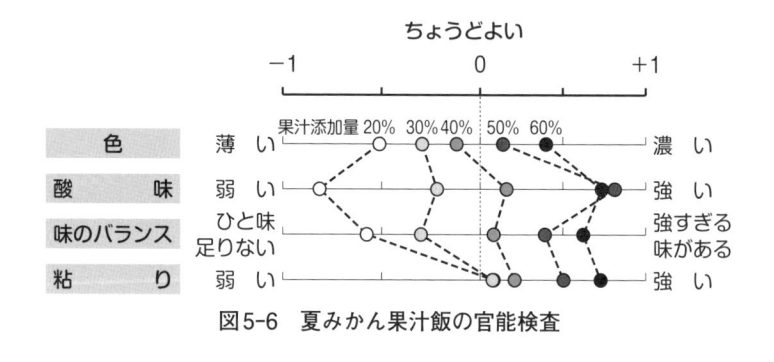

図5-6　夏みかん果汁飯の官能検査

ることにより懸念される変色や風味低下への影響はほとんどなく，**適量を代替添加することで，柑橘の黄色みと果汁の酸味，甘味が一体化した酢飯を作ることができた。**果物としての需要が期待できない夏みかんの場合は，夏みかん果汁を加水量の40％程度代替添加して炊飯すれば，新しいすし飯として十分に受け入れられるしあがりとなった。

また，果汁添加によりごはんのつやが増し，硬さの値が低下し，付着性が増加した（図5-7）。甘夏みかんあるいは夏みかんに由来する酸は，飯粒の比較的表面の部分に存在していることが確認できており，これらの**酸が米の主成分のでんぷんを変化させ，軟らかく，粘りのあるテクスチャーを呈するようになっ**たのではないかと考えられる。このテクスチャーの変化は，硬

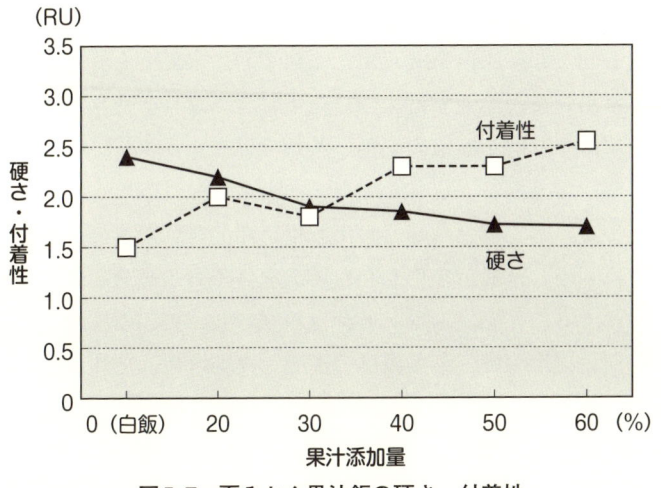

図5-7　夏みかん果汁飯の硬さ・付着性

く，粘りの少ない状態で炊きあがる**古米や食味低位米の食味改善にも利用**できる。

4 緑茶の色を生かした茶飯

　少し目先の変わったごはんとしては，番茶，煎茶，ほうじ茶を用い，その煎じ汁で茶色く炊きあげて茶の味や香りを生かした**茶飯**(ちゃめし)がある。緑茶中に含まれるカテキン類が高い温度に長時間置かれることによって褐色化すること，加熱時間が長くなると緑色色素の**クロロフィル**が分解されることなどから，茶色に炊きあがることは避けがたく，その茶色ゆえにも茶飯と呼ばれてきた。しかし，緑茶の緑色をそのまま生かすことができれば，新たな茶飯として提案できる。最近では茶の製造に関する技術も向上し，緑色を濃く出せる煎茶や，水でも十分に浸出できる水出し茶が流通するようになってきており，これらの浸出液で炊飯すれば，旧来の茶色い茶飯ではなく，美しい緑色の茶飯が期待できる。

　そこで，水で浸出させる水出し用に開発された茶の浸出液を炊飯に利用し，緑色を生かした茶飯を作るのに最適な条件を明らかにすることを試みた。茶葉は粉末にし，表5-2に示した浸出時間・浸出温度・茶葉濃度で調製した茶浸出液で炊飯した茶飯の，色・味に対する評価を行った。茶葉濃度が1％の場合は，48時間浸出しても色，味ともに薄く，浸出温度が5℃，20℃いずれであっても結果は変わらず，茶葉濃度1％では少なすぎ，

表5-2 浸出時間・浸出温度・茶葉濃度が異なる茶飯の色・味に対する官能評価

浸出時間（時間）	浸出温度（℃）	1% 味	1% 色	2% 味	2% 色	3% 味	3% 色
4	5	△	△	○	○	○	○
4	20	△	△	×	○	×	×
18	5	△	△	○	○	○	○
18	20	△	△	×	○	×	×
24	5	△	△	○	○	×	○
24	20	△	△	×	○	×	×
48	5	△	△	○	○	×	×
48	20	△	△	×	×	×	×

△　○　×
味：薄い　適度　渋い
色：薄い　緑色　黄色
■ 味・色ともに○

適切でなかった。茶葉濃度が3％になると5℃で18時間まで以外はほとんどの浸出条件で味が渋く，色は黄色くなり，この条件も濃すぎて適切でなかった。**茶葉濃度が2％の場合は5℃で浸出すれば，4〜48時間いずれの浸出時間でも茶飯の味は適度，色も緑色であった。**茶浸出液による茶飯調製では，茶葉濃度は2％とし，5℃で浸出する条件が最も適切であると考えられた。

おすすめの方法は以下の通りである（図5-8）。粉末茶葉は2％濃度とし，5℃（冷蔵庫内）で24時間くらい浸出する。24時間経過後には茶葉粉末が底に沈んだ状態になっているので，全体が均質になるよう1回攪拌する。攪拌後は30分静置し，茶葉

の微粉末が浮遊している上澄み液を取り分けて茶浸出液とする。この極微細な粉末が浮遊したままの上澄みを茶浸出液とし，これに米を浸漬した後，通常通りに炊飯すると，極微細な粉末が米に付着して，茶の味がする緑色の茶飯に炊きあがる。攪拌後の静置時間は30分程度がちょうどよく，これよりも長い時間になると，沈殿が進みすぎ，着色が薄くなる。さらに緑色を強めるためには，緑色の色素である**クロロフィルが脂溶性である性質を利用して，茶浸出液調製の際にサラダ油を添加するとよい**。3％程度の油を添加することで，油脂味を特に感じさせることなく，明らかに緑色の濃い茶飯を得ることができた。

　茶葉をそのままの状態で浸出させた液や，粉末にして浸出した後に遠心分離して沈殿物を除いた液で炊いた場合は，緑色の

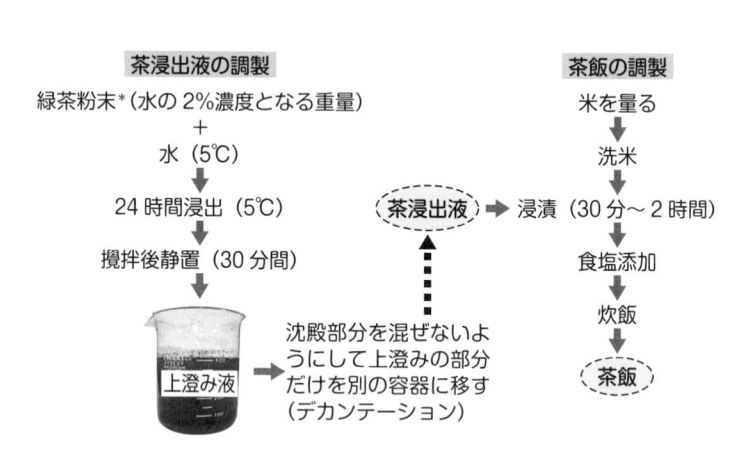

* 乾燥茶葉をミルサーで1分粉砕

図5-8　茶飯の調理法

着色が薄い茶飯となり,適切な方法ではなかった。これは緑色に関連する色素のクロロフィルが脂溶性であるため,水には抽出されにくく,緑色の着色に至らなかったものと考えられた。

茶の浸出液には,緑茶を特徴づける成分であるカフェイン,カテキン類が溶出している。これらの成分は渋味を感じさせるので,適度な溶出が望まれる。表5-2 (p.91)に示した設定条件で調製した浸出液中のカフェイン,カテキン量を測定したところ,茶葉の濃度が高いほど,浸出時間が長いほど,冷蔵庫内より室温で浸出するほど,より多くの溶出量となっていた。この結果は表5-2に示した味に対する評価と一致していた。

この溶出したカフェイン,カテキン類は熱に弱く,炊飯操作により減少するものと考えられる。味や色が適度であった,茶葉の濃度2%,茶の浸出温度5℃,茶の浸出時間24時間で調製した茶浸出液と,その浸出液に米を30分浸漬した後炊飯した茶飯中のカフェイン,カテキン量を測定した結果が図5-9である。茶浸出液中に溶出しているカフェイン,エピカテキンガレート (ECg),エピカテキン (EC),エピガロカテキンガレート (EGCg),カテキン (C),エピガロカテキン (EGC)の総量がおおよそ20 mgであったのに対し,炊飯後の茶飯になると約6 mgに減少していた。しかし,加熱により全くなくなってしまうわけではなく,総量で加熱前の25%程度は残っていたことになる。約45分の加熱工程を経た割には,残存率は高いと考えられ,炊飯という加熱方法がこれらの成分の変化を少しではあるが抑制していることが期待できる。**緑色の茶飯からは機能性成分のカテキンも少し摂取できる**ということになる。

(mg)

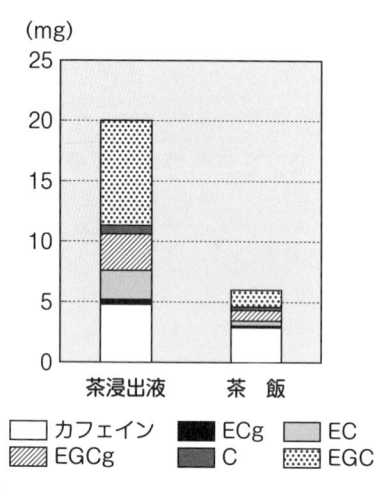

凡例		
□ カフェイン	■ ECg	▨ EC
▨ EGCg	■ C	▨ EGC

● 茶浸出液：茶飯の炊飯に要したのと同量（22.5 g）の浸出液
● 茶飯：米10 gに茶浸出液22.5 gを加えて炊飯したもの
（茶の浸出温度：5℃，茶の濃度：2%，米の浸漬時間：30分）

図5-9　茶浸出液および茶飯に含まれるカテキン類およびカフェイン量

――黄色く染めて作る伝承料理―くちなしごはん―

　秋に収穫しておいたくちなしの実の皮をむいて中身を取り出し，布袋に包んで湯の中でもみ出すと山吹色のきれいな色の液体がとれる。これで着色したごはんで，染め飯ともいう。軟らかくゆでた黒豆ともち米を蒸し，蒸している途中でくちなしの色を染み出させた黄色い水をかけて染める。ごはんの黄色に黒豆の黒が印象的な一品で，静岡県の中部山間地区では，端午の節句によく作られる。

（口絵　写真3参照）

●参考文献●

- 江間章子,貝沼やす子:炊き込み飯の炊飯に関する研究―浸漬条件が飯の性状に及ぼす影響―,日本家政学会誌,**43**(9),897-902,1992
- 江間章子,貝沼やす子:炊き込み飯の炊飯に関する研究(第2報)―具(添加材料)が飯の性状に及ぼす影響―,日本家政学会誌,**45**(1),35-40,1994
- 江間章子,貝沼やす子:柑橘果汁の炊飯への利用,調理科学,**23**(2),1990
- 貝沼やす子,今井明菜:緑茶の色・味を生かした茶飯調製のための茶浸出条件の検討,日本調理科学会誌,**41**(1),26-34,2008
- 日本食生活全集静岡編集委員会(編):日本の食生活全集22 聞き書 静岡の食事,農山漁村文化協会,p.144,1986

第6章
お粥の調理

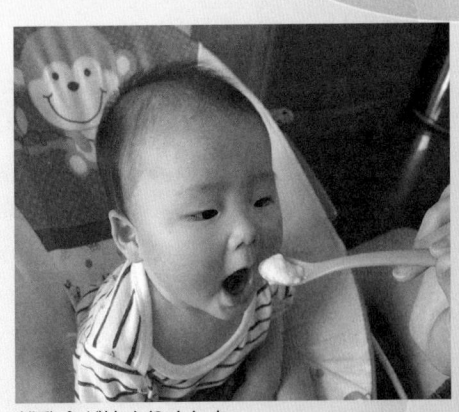

離乳食が始まりました…。

1 お粥の種類

　お粥は，米に多量の水を加えて炊く軟らかいごはんである。米は十分に吸水して膨潤・軟化し，米に吸収されずに残った水には米の成分が溶出し，少しとろみのある液，すなわち**重湯**となる。**お粥は軟化した飯粒と重湯の混合したものをいう**。お粥は咀嚼しやすく，消化もよいため，乳児期・老年期食の一部として，また消化吸収力の低下時，咀嚼・嚥下困難時などにおいて幅広く活用される米の調理形態である。

　お粥は表6-1に示した種類（全粥，7分粥，5分粥，3分粥）に分類される。出来上がり重量が100ｇ（軽く茶碗一杯）の粥の米と水の割合を示している。普通のごはんが米1に対して1.3～1.5倍加水していたのに比べて，全粥では4倍，5分粥では9倍の水を加えており，米に対する加水量は非常に多い。米自体が

表6-1　粥の種類

粥の種類	出来上がり重量100ｇ		出来上がりに対する粥飯の割合(%)	粥100ｇ中のエネルギー(kcal)
	米	水		
全　　粥	20	80	100 (0)	71
7 分 粥	15	85	70 (30)	53
5 分 粥	10	90	50 (50)	36
3 分 粥	5	95	30 (70)	25

（　）内の数字は<u>重湯の量</u>

吸収できる水の量には限界があり，**かろうじて水が全て吸収された状態になるのが全粥である。7分粥，5分粥，3分粥**となるにつれ，米に吸収されずに残る水は多くなり，粥飯が液体の中に浮遊した状態に炊きあがる。このときの液体部分が重湯であり，7分粥では30%，5分粥では50%，3分粥では70%を占める。この重湯中には米から栄養成分が溶出しており，胃に最も負担の少ない食べ物として，術後の患者等に最初に与えられるものである。重湯の多い3分粥は，粥飯というよりも重湯を取るために作られるお粥の意味合いが強い。5分粥，7分粥は，全粥に3分粥から得た重湯を混ぜて調製される場合も多い。

　お粥はごはんが水で増量されたような状態になっているので，同じ茶碗1杯でも，その中にある米の量は全粥でも半分以下の量である。このことは茶碗1杯からの摂取エネルギーを低く抑えることにつながる。ダイエットにお粥がすすめられるのはこのような理由による。

　お粥を炊く場合は，ごはんの場合と同じように，米に吸水させた後加熱する。表6-1に示した米と水の割合は，炊きあがったお粥が含む水であるので，加熱中に蒸発していく水分量は別に加算する。鍋を直接加熱する**直接炊き**（図6-1-①）の場合は，その火力に応じて蒸発する水分量が異なるので，火力に合わせた調整が必要になる。別の鍋に水を入れておいて，その中にお粥を炊く鍋を入れて炊く**間接炊き**（図6-1-②）の場合は，蓋をしておけばほとんど蒸発しないので，表6-1に示した水分量がそのまま加水量となる。重湯と粥飯の割合が正確なお粥を作るためには，直接炊きよりも沸騰させた湯の中で加熱する間接炊

① 直接炊き　　② 間接炊き

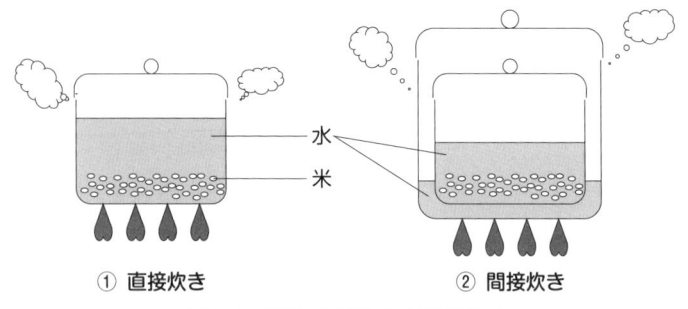

図6-1　粥の直接炊きと間接炊き

きの方が失敗は少ない。市販の粥専用炊飯器にはこの間接炊きのタイプのものが多くみられる。

　加熱時間は，温度上昇に要する時間と沸騰状態を継続する時間両方を含めて約50分とする。ゆっくり温度を上げていけば，沸騰してからの時間は短くなり，一気に温度を上げれば，沸騰継続時間は長くなるが，加熱速度（沸騰までにかかる時間）の如何にかかわらず，加熱開始から50分加熱をすればよい。この時間はごはんを炊くのに要するのとほぼ同程度であり，でんぷんを糊化させるのに必要な時間と温度という点では炊飯の原理が生かされている。

2　消化されやすいお粥は？

　お粥のメリットのひとつは，軟らかく，消化されやすいことである。表6-1（p.98）の割合で炊いたお粥の消化されやすさ

を調べるために，粥飯にヒト唾液由来のα-アミラーゼという酵素を作用させ，分解して溶出してくる糖の量を測定した。このα-アミラーゼはでんぷんを分解する酵素であり，でんぷんの糊化が進んでいると，酵素が反応しやすくなり，分解されて溶出してくる糖の量は増加する。逆に，糊化が十分でないと，酵素による分解が進まず，溶出してくる糖の量は減少する。それぞれのお粥から溶出してきた糖の量を図6-2に示す。全粥が最も多い糖の溶出を示していたことから，**全粥の方が糊化は進んでおり，消化されやすい状態であった**といえる。全粥以外の加水量の多いお粥では粥飯粒同士の接触が起こりにくいため，飯粒間での熱保持効果が期待できず，糊化の進行が遅れたものと推察され，糖の溶出は全粥より少なく，全粥より消化されにくいという結果になった。消化のされやすさという観点からは全粥の方がおすすめである。全粥を3分粥から得た重湯でゆる

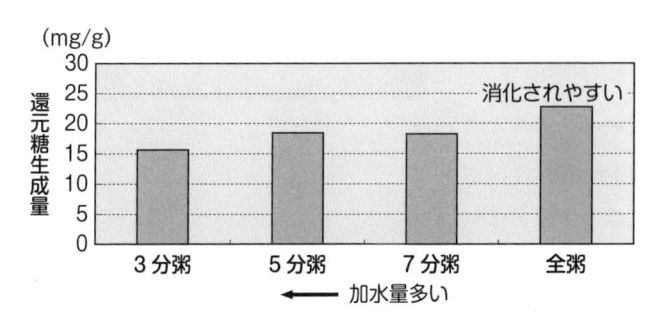

●粥飯にα-アミラーゼを作用させ，溶出した糖量を測定。
●還元糖生成量が多いほど消化されやすい。

図6-2　加水量が異なる粥の消化されやすさ

めて5分粥や7分粥をつくる方法は,理にかなっていると思われる。

3 ふっくらお粥とさらさらお粥

　インディカ米のようにアミロース含量が多く,ぱさぱさ,ぽろぽろした食感をもつ米を多量の水で調理してお粥にしても,相変わらず硬く,ぽろぽろした食感は変わらない。ジャポニカ米の代表的な品種であるコシヒカリと,インディカ米で調製した全粥を比較すると,表6-2に示すように明らかにコシヒカリ

表6-2　ジャポニカ米・インディカ米で調製した粥の評価

米の種類		ジャポニカ米	インディカ米
粥の形状			
食味評価	つやがある	○	×
	なめらかな口当たり	○	×
	舌でつぶしやすい	○	×
	粘りがある	○	×
	甘味がある	○	×
	水っぽい	×	○
	飲み込みやすい	○	×

の方がふっくらしてみずみずしい状態であることがわかる。食味評価においても，コシヒカリの方が，つやがあり，舌でつぶしやすく，なめらかで粘り，甘味を強く感じ，日本人には好まれるお粥となった。インディカ米はさらさら，ぱらぱらした食感とあっさりした味をもったお粥を作るのに適した米であるといえよう。

4 ゆきひら鍋はお粥向き？

　お粥を炊く特別の器具として厚手の陶器製の鍋があり，**ゆきひら鍋**と呼ばれている。図6-3のように注ぎ口と持ち手が付いており，上部の口径は狭く，蓋が付いているので水分の蒸発も少ない。厚手なので保温力があり，お粥がきれいに炊きあがるとされており，昔は粥調理定番の鍋であった。しかし，熱源が変化した現代において，昔ながらのお粥の調理方法がそのまま適応できるか否かは疑問が残るところである。

　このゆきひら鍋を使ってガスコンロ上でお粥を炊いてみたところ，30分を過ぎるあたりから鍋底部は100℃を超える高温となり，加熱50分後には最終温度が100℃を超える高温となり，鍋底のお粥には褐色の焦げが認められるようになった。熱伝導率が低く，保温性が高いゆきひら鍋は，沸騰後の加熱継続中は熱が逃げにくいため過熱

図6-3　ゆきひら鍋

傾向を示すことになるので，**30分程度加熱したら消火し，あとは余熱で加熱を続けるようにする**。余熱での加熱時間を含めて，総加熱時間は50分程度が望ましい。

　一方，熱伝導率が大きく，保温性に劣るアルミ鍋の場合は，温度が上昇しても保温性が低く，熱の放散が早いため，火力の強いガスコンロ上で加熱しても100℃を極端に超える高温にはならず，焦げる心配をせずに50分近くの加熱が可能である。アルミ鍋を使ってガスコンロ上でお粥を作る場合は，弱めの火力でゆっくり温度を上げ，沸騰状態を続けながら全加熱時間が50分になるよう加熱する。アルミ鍋では保温効果は期待できない。

5　お粥の食べどき

　お粥は，炊きあげた直後が最高の食べどきである。炊きあがってからの時間経過とともに，刻々とお粥の性状は変わっていく。お粥は，ごはんよりも多めの水を含んだ，非常に軟らかい状態であるため，**時間経過とともに粥飯粒同士の接着が進み，団子状に固まってくる**。こうなると，炊きたてのお粥とは全く異なった性状を示すようになり，軟らかく，飲み込みやすいという，お粥に求められる定義からは外れてくる。**これらの変化は，咀嚼・嚥下能力に問題を抱える人には大問題である**。介護施設や病院等では，お粥を調製してから喫食までに時間がかかる場合が多く，おそらくは喫食直前に調製し直しているのが現

状であろう。そこで，お粥が保温あるいは放置によりどの程度変化しているのかを調べてみた。

　図6-4には，加水量が異なるお粥を，保温あるいは室温に放置した場合の粥塊の硬さの変化を示した。実験条件は，蒸らし後そのまま室温に放置し続けた場合（□），60℃（■）あるいは80℃（△）で保温した場合の3つである。また，この実験では全粥と7分粥との間に8.5分粥を設定した。8.5分粥とは米を炊きあがり重量の17.5％（全粥の場合は20％，7分粥の場合は15％）にして，全粥よりは加水量が多くなるようにして炊いたお粥で

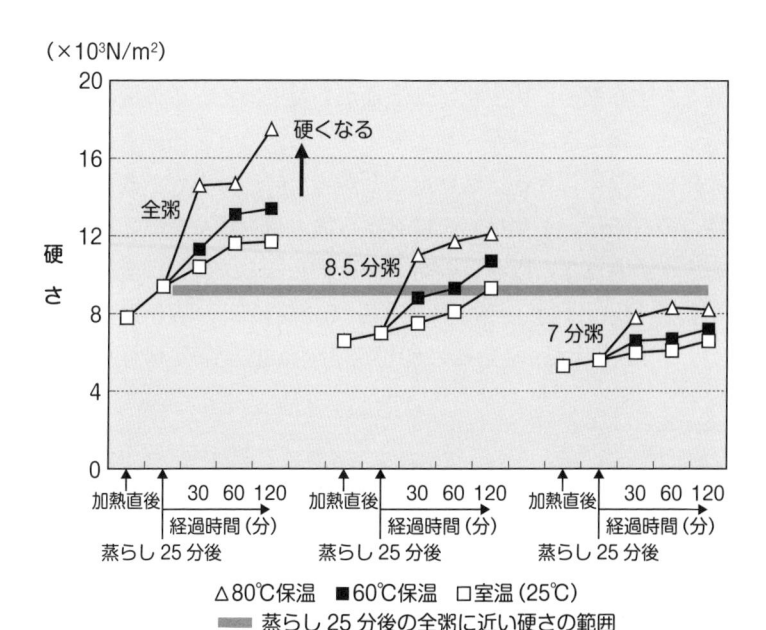

(×10³N/m²)

図6-4　蒸らし後の経過時間による粥飯の硬さの変化

ある。

いずれの条件のお粥も**時間経過に伴って硬さの値が増加しており，特に加水量の少ない全粥を80℃に保温した時により顕著に表れている**。全粥を80℃で120分保温した場合は，蒸らし直後のおおよそ2倍近い値になっており，全粥に期待される硬さの状態からはかなり離れてしまっていた。**時間経過による変化が最も小さいのが加水量の多い7分粥であり**，8.5分粥は全粥と7分粥の中間の値であった。付着性の測定結果においても，ほぼ同様の傾向がみられた。

咀嚼や嚥下に問題のある人には，身体の状況に合わせたお粥を提供することが大切であり，保温や長時間に及ぶ食事時間がもたらすお粥の性状変化には注意が必要である。この変化を止めることはできないが，加水量が多いお粥ほど時間経過に伴う変化が少ないことが示されたことから，時間経過が予測できる場合の対処法としては，米に対する加水量を増やして炊くことがすすめられる。図6-4の結果を踏まえると，例えば全粥の蒸らし25分後と同じ硬さの値を示しているのは，8.5分粥の60℃30分～60分保温，7分粥の80℃60分～120分保温あたりのお粥となる。

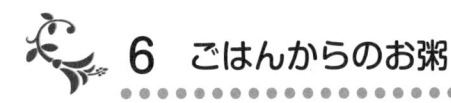

6　ごはんからのお粥

米に水を加えて炊きあげるお粥は，ごはんのように日常的に食生活の中で利用される場面は少なく，一般的には病気になっ

たときや，咀嚼・嚥下が困難な状態になったときに必要になってくる。家族の中の1人分だけお粥に調製する必要が生じた場合，お粥本来の作り方である，米からの調製は面倒なことである。このような必要性に迫られたとき，炊きあげたごはんに適量の水を加えて軟らかく炊き直すごはんからのお粥の利用が考えられる。

実際には，**ごはんにごはん重量の約1.6～1.7倍の熱湯を加え，沸騰してから30分程度加熱すると**，5（p.105参照）で述べた8.5分粥相当の米飯粥が調製できた。ごはんはいったん加熱・糊化されているので，加熱時間の短縮が期待されたが，沸騰してから10分程度の加熱では均質なお粥にはならなかった。10分加熱と30分加熱のお粥の炊け具合を，粥飯を圧縮するのに要する力と歪率を関連させて測定した結果が図6-5である。粥飯が硬いと縦軸の値は高くなり，軟らかくなると縦軸の値は低

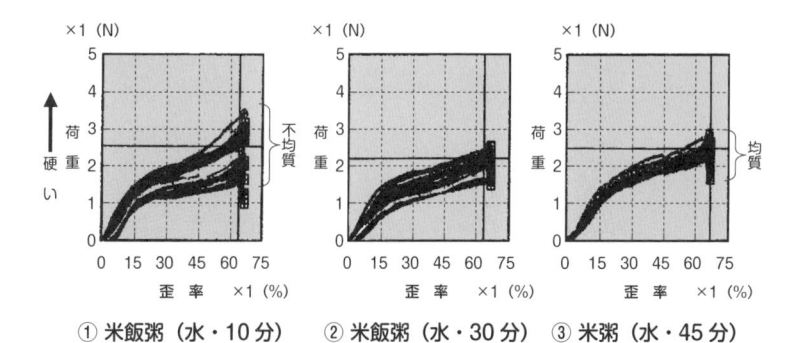

① 米飯粥（水・10分）　② 米飯粥（水・30分）　③ 米粥（水・45分）

● ①，②：米飯粥：ごはんから調製した粥，（　）内右側の数字は沸騰継続時間
● ③：米粥：米から調製した粥，（　）内右側の数字は全加熱時間

図6-5　加熱時間が異なる米飯粥の破断強度測定結果

くなる。また，粥飯の硬さが不均質であると測定曲線はまとまりなくばらばらに示され，均質に炊けてくると測定曲線はまとまってくる。

10分加熱したごはんからの米飯粥（図6-5-①）は測定の都度異なった曲線を示しており，かなり不均質で，硬いお粥も残っており，まだ炊き不足であることがわかる。**10分程度の加熱ではごはんに水を浸透させ，均質な硬さのお粥にするには，まだ時間が不足している**ことを示している。

30分加熱する（図6-5-②）と，測定曲線が低い位置でまとまってきている。米から炊いたお粥（図6-5-③）には及ばないが，10分加熱の場合よりはかなりまとまりのよい曲線を示しており，均質な状態であることをうかがわせる。ごはんからの米飯粥の場合も，沸騰に至るまでに7～8分要しているので，その後の30分の加熱を加えれば，**結局は40分近くの加熱が必要**ということである。

炊きあがった米飯粥の硬さや粘りの状態は米から作ったお粥とほぼ同等ではあったが，つややうま味の強さの点では米から炊いたお粥に劣っていた。**米から炊くことによって重湯中に溶出する糖の量は多くなり**，これらの成分の溶出がお粥のうま味を強めているが，いったんごはんになってしまうとうま味にかかわる成分は溶出しにくいためではないかと考えられる。

7　お粥の保存

　お粥は水分を多く含むため,加熱後の性状変化が激しく,保存性は著しく劣る。しかし,まとめて炊いたお粥が保存できれば,必要に応じて簡単に利用できるので便利である。でんぷんの老化を抑制しつつ長期に保存する方法としては,冷凍保存が最も適切であろう。冷凍保存の場合,**最大氷結晶生成帯**を短時間に経過させることが,品質を低下させることなく冷凍保存できる必須の条件となる。すなわち少量を,表面積の大きい状態で保存することが,この条件に合致してくる。また,できるだけ低温にすることも必須の条件である。

　冷凍保存時の形態としては,炊きあげたお粥をポリエチレン袋に入れて薄くのばした状態,すなわちシート状にして保存する方法と,ポリプロピレン容器に入れて塊状にして保存する方法が考えられる。保存量も,軽く茶碗1杯の量,約100gで保存する場合と,それより多い状態で保存する場合が考えられる。また,保存温度は一般の家庭の冷凍庫は－20℃よりわずかに高い温度とされているが,さらに低い温度が利用できる冷凍庫もある。実験では,温度は－20℃あるいは－40℃,形態はシート状あるいは塊状,重量は100gあるいは200gとし,それぞれを組み合わせたお粥を調製した(図6-6)。最も凍結しやすいと考えられる－40℃・100g・シート状の組合せと,最も凍結しにくいと考えられる－20℃・200g・塊状の組合せについて

の冷凍保存時の温度履歴を示したのが図6-7である。

　-40℃・100g・シート状のお粥は短時間の内に最大氷結晶生成帯を通過するが，-20℃・200g・塊状では4時間近くも最大氷結晶生成帯域にあり，氷結晶の成長が心配される。すべて

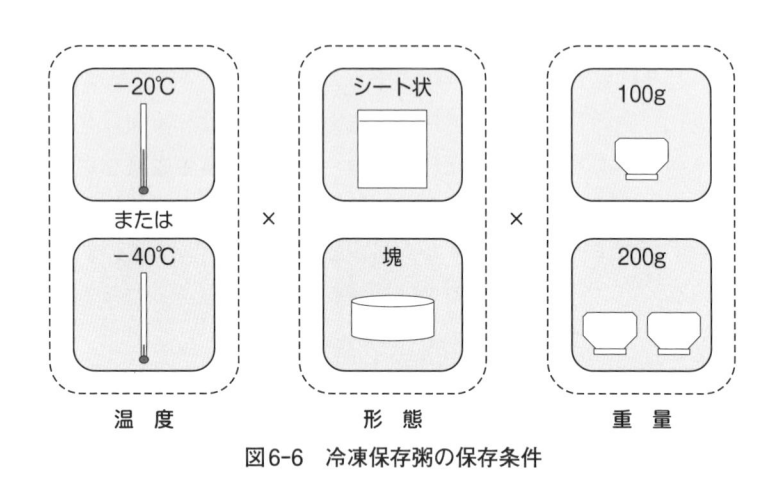

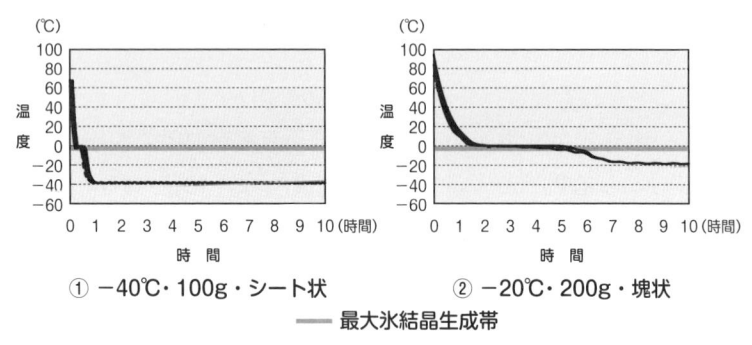

図6-6　冷凍保存粥の保存条件

① -40℃・100g・シート状　　② -20℃・200g・塊状
　　　　　── 最大氷結晶生成帯
図6-7　粥を冷凍保存した場合の温度履歴

の冷凍条件の組合せにおける最大氷結晶生成帯通過時間をまとめたのが図6-8である。−20℃よりは−40℃，塊状よりはシート状，200gよりは100gの方が最大氷結晶生成帯の通過時間が短いことがわかる。この通過時間が長い条件のお粥は，解凍後の粥飯粒の崩れが多く，粒々感がなくなり，炊きたてのお粥よりかなり食味は低下していた。

1人分相当量のお粥（100〜200g）の場合は，−40℃で冷凍すれば，保存時の形態を問わず，解凍後も炊きたてのお粥に近い性状をほぼ保てた。−20℃に保存するのであれば，茶碗に軽くいっぱいの量（約100g）にして，冷凍用袋に薄いシート状にし

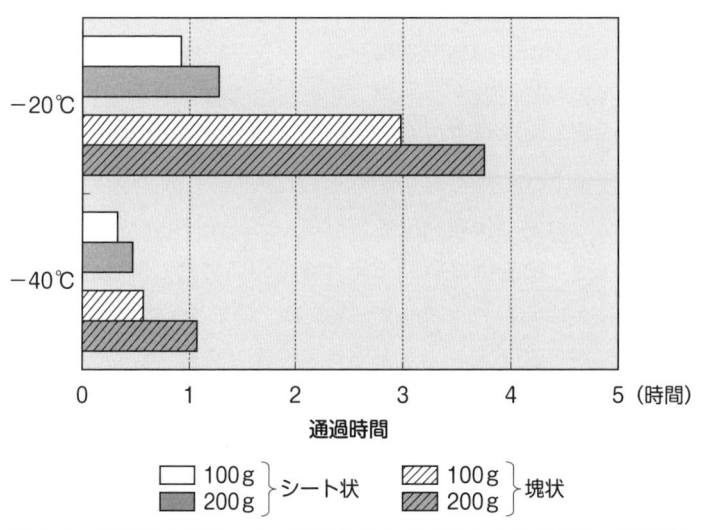

図6-8 冷凍保存温度・保存形態の異なる粥の最大氷結晶生成帯通過時間

て入れて保存する方法がすすめられる。一般的な家庭用冷凍庫の温度が−20℃近辺であることを考慮すると，**家庭でお粥を保存する場合は，茶碗に軽く1杯程度の量を，シート状に薄くのばして冷凍するとよい。**

8　1人分をパック炊き

　1人分のお粥を調製する方法として，シートに材料を入れて調理する**真空調理法**を試みた。真空調理ではシートに材料や調味料を入れて真空パックにし，パック後はそのまま加熱する。加熱方法をゆで加熱にすれば，家庭でも簡単にできる方法となる。パックをゆで加熱する場合は，沸騰している湯の中にパックを入れて一気に温度を上げ，その後の沸騰時間を長くとる方法と，加熱前のゆで水にパックを入れて，ゆで水とともに緩やかに温度を上げていく方法が考えられるので，加熱速度を変えて調製したお粥の状態を比較した。

　加熱速度と沸騰継続時間の組合せについては，S，M，Lの3つの条件を設定した（図6-9）。S法は，始めから沸騰している湯の中にパックを入れて加熱し，約5分で沸騰させる方法，M法は水のうちからパックを入れて20分くらいで沸騰に至らせる方法，L法はさらにゆっくり温度を上げていき，30分くらいで沸騰に至らせる方法である。沸騰開始後は，S法は沸騰継続30分，M法は沸騰継続15分，L法は沸騰継続5分とし，沸騰に至るまでの時間を含めた全加熱時間はいずれの方法も35分と

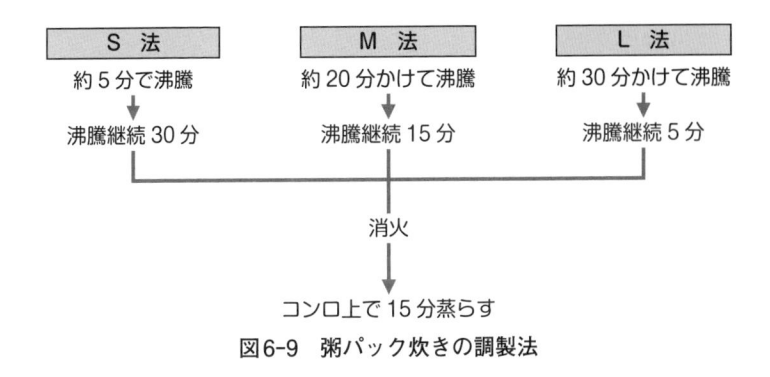

```
┌─────────┐    ┌─────────┐    ┌─────────┐
│  S 法   │    │  M 法   │    │  L 法   │
└─────────┘    └─────────┘    └─────────┘
     ↓              ↓              ↓
約5分で沸騰    約20分かけて沸騰   約30分かけて沸騰
     ↓              ↓              ↓
沸騰継続30分    沸騰継続15分     沸騰継続5分
     └──────────────┼──────────────┘
                    ↓
                   消火
                    ↓
            コンロ上で15分蒸らす
```

図6-9 粥パック炊きの調製法

なるようにした。その後は，消火してコンロ上で15分蒸らした。

粥飯粒がしっかり水を含んでふくらんでおり，水っぽくなく，軟らかい状態に炊きあがっていれば，適切な炊飯条件となる。粥飯粒のふくらみ具合は粥飯粒の面積で，水っぽさはお粥からの分離液量で，軟らかさは粥飯塊の硬さ応力で比較した。設定した3つの炊飯条件で得たお粥の測定結果を図6-10に示す。円の中心点が，それぞれの粥飯の面積と硬さ応力の位置を示す。円の大きさは分離液量を表しており，大きい円ほど水っぽい。平均的なお粥として，粥用の自動炊飯器である粥メーカーによるお粥の結果も記載した。

沸騰している湯に袋ごと入れ，約5分で沸騰に至らせ，その後30分沸騰継続させる**S法は，軟らかく，粥飯粒もよく膨潤している**ことを示す結果であった。一方，沸騰までに30分をかけ，沸騰継続時間は5分と短い，ゆっくりした加熱速度のL法のお粥は，硬く，粥飯粒の膨潤も小さく，お粥から分離する

(mm²) の縦軸ラベル: ふっくらしている ← 飯粒面積
横軸: 硬さ応力　硬い →

グラフ中の記号: S（飯粒面積約36、硬さ応力約8.5、粥飯がしっかり水を含んでいる）、粥メーカー（硬さ応力約9.7、飯粒面積約36）、M（硬さ応力約9.7、飯粒面積約32）、L（硬さ応力約10.7、飯粒面積約30、水っぽい）

●円の大きさは分離液量（mL）を表している。大きい円の粥は水っぽい。

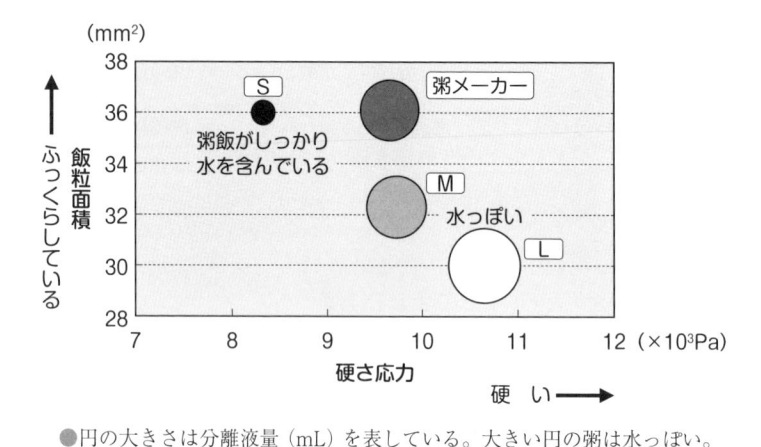

図6-10　加熱方法の異なる真空調理粥の硬さ応力，飯粒面積，分離液量の関係

液量も多いことが示された。M法の加熱速度のお粥は，S法とL法の中間の値であった。お粥の状態としては，S法が最も良好であった。

　嗜好試験の結果でも，S法の加熱速度で，コンロに鍋をのせたまま15分蒸らした場合が，お粥としての出来映えはかなり良好であった。この時に鍋に入れる水量の影響はほとんどなかったため，真空パックがつかる程度の沸騰水があれば十分である。M法によるお粥は，粥飯粒のふくらみが少なく，S法のお粥より食味の評価は劣った。さらに30分かけてゆっくり温度を上昇させていったL法では沸騰継続時間が5分と短くなるため，粥飯粒のふくらみは一段と小さく，粥飯塊は硬く，粥飯からの分離液量も多く，お粥として完成した状態になっていなか

った。

　沸騰状態での加熱時間が短くなるほど，お粥としての性状は劣っていたため，パック炊きには沸騰時間が長いS法がおすすめである。**S法によりパック炊きしたお粥を，薄い板状にして冷凍保存し，必要に応じて電子レンジ解凍すれば，1人分のお粥が簡単に提供できる。**

　シートに米と水を入れ，単にシールした状態でのパック炊きでも同様の結果が得られたので，真空調理にこだわることなく，家庭で気軽に試みていただきたい。

=== **お粥と雑炊，何が違う？** ===

　　雑炊はしょうゆ，塩，みそなどで調味しただし汁に，ごはんを加えてさっと一煮立ちさせたものである。ごはんは，水洗いして粘りをとってから使うのがコツ。お粥と違ってさらっとしたしあがりになる。魚介や野菜などを加えた汁で煮たり，寄せ鍋や水炊きの残り汁にごはんを入れて食べる場合もある。

●参考文献●

- 江間章子,貝沼やす子:粥の調理に関する研究—国産米と輸入米を用いた粥の特性—,日本家政学会誌,**47**(1),29-36,1996
- 江間章子,貝沼やす子:粥の調理に関する研究(第2報)加熱条件が全粥の性状に及ぼす影響,日本家政学会誌,**48**(5),391-398,1997
- 江間章子,貝沼やす子:粥の調理に関する研究(第3報)鍋の材質および加熱条件が全粥の性状に及ぼす影響,日本家政学会誌,**50**(4),341-347,1999
- 江間章子,貝沼やす子:粥の調理に関する研究(第3報)鍋の材質および加熱条件が全粥の性状に及ぼす影響,日本家政学会誌,**50**(4),341-347,1999
- 江間章子,貝沼やす子:粥の調理に関する研究(第4報)調理後の経過時間および保温条件が粥の性状に及ぼす影響,日本家政学会誌,**51**(7),571-578,2000
- 貝沼やす子,福田靖子:貯蔵米を利用した米飯からの粥調製方法の検討,日本家政学会誌,**56**(4),215-222,2005
- 貝沼やす子:加水量が異なる米飯から調製した粥の性状,日本家政学会誌,**57**(4),199-207,2006
- 貝沼やす子:粥の冷凍保存を可能とする保存条件の検討,日本家政学会誌,**57**(12),785-792,2006
- 貝沼やす子:真空調理法による粥調製方法の検討,日本家政学会誌,**59**(10),825-835,2008

第7章
米の調理への竹炭利用

昔ながらの夏のおもてなし
（竹製品の出番は少なくなりました。）

竹は多年生常緑禾本(かほん)のイネ科の植物であり，生長が非常に早い。東南アジア，東アジア地域で多く生育しており，わが国でも古来より里山に生育し，建築材，家具，調理具などの生活用品としてさまざまに利用されてきた。しかし，最近では安価な他の生活製品に押されて竹の需要が落ち，伐採されることなく放置された竹が森林にまで浸食しつつあり，生態系破壊が問題になってきている。竹の利用を新しく提案していくことにより，竹林の整備・保護が可能になるとの考えから，最近では竹の利用がいろいろと模索されている。

　そのひとつの利用法として，炭化させた**竹炭**(ちくたん)があり，消臭，抗菌，浄化作用が注目されている。また，炭を炊飯時に一緒に入れて炊くと，ごはんがおいしくなる，揚げ物の際に油に入れておくと，揚げ油の変敗が抑制されるなどの効用も伝えられてきている。ここでは，竹炭をごはん料理に使う場合の効果についての研究成果を紹介する。

写真7-1　竹　炭

1 糊化促進・老化抑制効果

　竹炭を水につけておくと，竹炭からの成分溶出により，**pHが10程度のアルカリ性の水溶液**となる。この高いpHの竹炭浸出液は，炊飯液としての利用効果が高いことが期待できる。なぜならば，**アルカリ性ではでんぷん分子の膨潤・崩壊が進み，糊化が促進**されるという性質があるからである。竹炭浸出液での炊飯は，米でんぷんの糊化促進につながり，十分に糊化できれば，結果的に老化の進行を抑制する効果も期待できるはずである。市販弁当のごはんやおにぎりなどは，消費者が購入するまでの間にでんぷんの老化が進行して硬くなるため，これを抑制するためにさまざまな工夫が行われているが，炊飯液の高いpHでこれが制御できれば，竹炭の新たな使い道として有効になる。このような視点から，竹炭を炊飯に利用するメリットについての検討を行った。

　竹炭はきれいに洗浄した後，沸騰水中で約15分間加熱し，あくの除去と殺菌消毒を行った。十分に乾燥させた後，水につけておき浸出液を作った。竹炭の使用量は水重量の10％量とした。竹炭を水につけて2日間以上浸出させた液（竹炭水）のpHは10程度となっており，強いアルカリ性であることを確認した。溶出している成分は，カリウムが最も多く，次いで溶性ケイ酸であり，マグネシウムやカルシウムなどの溶出もみられた。竹炭の使用回数が増えるに従い，pHは低下していくので，

2～3回位までの使用が適当である。

この竹炭水ならびに蒸留水を使って炊飯を行った際のpHの変化を確認した。図7-1は、米を30分つけておいた浸漬液と、加熱して95℃になった炊飯液それぞれのpHを示している。炊飯方法としては、竹炭水を使用した場合（竹炭水）、普通に水で炊飯した場合（蒸留水）と炊飯時に竹炭を入れた場合（＋竹炭）の3通りとした。竹炭水使用の場合、米を30分つけておくとpHはやや低下したものの、9程度の高いpHを維持しており、米を蒸留水に30分つけておいた場合（pHは7程度）よりも高い

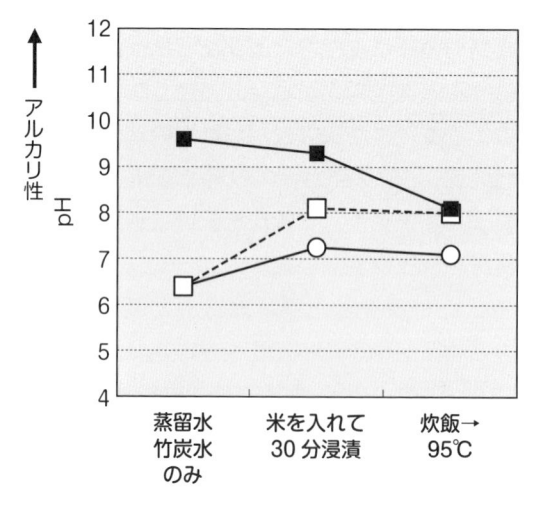

○蒸留水：米に蒸留水を入れて浸漬・炊飯
□＋竹炭：米に蒸留水と炭を同時に入れて浸漬・炊飯
■竹炭水：竹炭を蒸留水中に入れて浸出させた液に浸漬・炊飯

図7-1　浸漬・加熱による炊飯水のpHの変化

pHの液に30分間浸されていたことになる。**加熱すると，竹炭水の場合pHは下がっていくが，炊飯液が95℃の時にも8前後のpHとなっており，加熱中も米は高いpHの液に浸されていたことになる。**

炊飯を行うときに竹炭を入れて炊く方法（＋竹炭）では，米を水につける際に一緒に竹炭を入れて30分経過させると，pHは8程度に上昇し，蒸留水につけておいた場合よりも明らかに高いpHとなった。その後の加熱による変化はほとんどなく，95℃に至った時点でも8程度のpHに保たれており，竹炭水につけておいた場合とほぼ同程度のpHであった。竹炭水を使うか，炊飯時に竹炭を入れるかの2つの方法を比較した場合，最終的には炊飯液のpHはほぼ同程度となったが，浸漬中ならびに95℃に至るまでの時間すべてを含めて考えると，竹炭水を利用した方が長く高いpHの液に浸されていたことになる。高いpHを活用しようと思う場合は，竹炭を水につけておいて調製した竹炭水を使う方が効率的である。

このような炊飯時のpHの違いが，ごはんの硬さに及ぼす影響を調べた結果が図7-2である。図7-1に示した3種の炊飯液で炊飯し，炊きあがり1時間後と24時間低温保存後の硬さについて測定した。縦軸の値が高いほど，硬いことを示している。それぞれ，左側の背の低い棒が飯粒表面の硬さ，右側の背の高い棒が飯粒全体の硬さの結果である。炊飯1時間後では，竹炭水で炊飯した場合が他よりやや低い硬さの値を示す傾向にあるが，竹炭を使用する効果はそれほど顕著には示されなかった。

しかし，24時間後になると，水で炊飯した場合は硬さの増

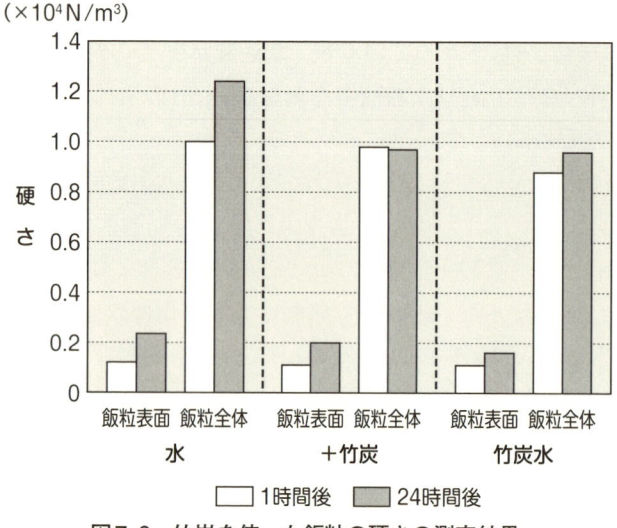

図7-2　竹炭を使った飯粒の硬さの測定結果

加が著しいのに対し，**竹炭水で炊飯した場合は飯粒の表面の部分，飯粒全体いずれも老化による硬化が抑制されていた**。冷蔵保存した場合に生じるごはんの硬化現象，いわゆる老化は，糊化が十分に行われない条件下で炊飯された場合に進行が速い。竹炭水で炊飯した場合には硬化が遅れていることから，**竹炭水を使用した場合は，竹炭水の高いpHにより糊化が促進された結果，老化しにくくなったものと考えられる**。炊飯直後にははっきり確認できなかったが，竹炭水を使って炊飯したごはんは，水で炊飯した場合よりも糊化が進んでいたと考えられる。炊飯時に竹炭を入れて炊いた場合（＋竹炭）は，飯粒全体の硬化は抑制できていたが，飯粒表面では竹炭水を使って炊飯した

ごはんよりも老化が進んでいた。ごはんの老化抑制という観点からは、竹炭水を利用した炊飯が効果的であった。

炊飯時に竹炭を活用することは、糊化促進の観点から有効であり、お粥などの炊飯にも活用できる。また、でんぷんを主成分とする金時豆やうずら豆などの煮豆調理においても、軟化促進効果は期待できる。

――― **強アルカリ水を使った米加工品－あくまき・ちまき－** ―――

樫（かし）やツバキなどの幹や稲わらを燃やした後に残る灰を水で溶き、その中につけておいたもち米を長時間かけて加熱すると、アルカリによるでんぷんの糊化とアミノカルボニル反応が進行し、琥珀色で独特の粘りをもつ菓子ができる。竹の皮にくるんで作られる場合が多い。九州南部地域にある郷土菓子の「あくまき」や、静岡県中部の山間地域で作られていた「朝比奈粽（ちまき）」などがその例であり、もともとは端午の節句に作られる季節和菓子であった。長時間加熱による滅菌、木の成分による抗菌、アルカリ性下での雑菌繁殖の抑制効果などで、保存性も高まるため、江戸時代以前から兵糧食としても使われていた。

2 赤飯への着色効果

赤飯はあずき、あるいはささげを煮て得た赤色の煮汁にもち米をつけて着色させ、そのまま蒸して赤色のごはんにしあげたものであり、おめでたい席に登場するごはん料理である。赤飯

の赤色は豆から溶け出した色素によるものであり、この時の色が濃ければ濃いほどごはんも赤く染まる。

　金時豆を竹炭浸出液で煮ると、ゆであがった豆の赤みは強くなることが報告されているので、このことをささげの煮汁にも応用してみた。口絵の写真5にあるように、**水使用の場合よりも竹炭水使用の方が、赤色が濃く、豆のゆで時間が長くなるにつれていっそう濃くなっていく**ことがわかる。この色の変化を色差計により測定した結果が図7-3である。色差計とは、色を構成する3つの要素、色合い（色相）・明るさ（明度）・あざやかさ（彩度）を組み合わせて表現している色立体の中の色を、

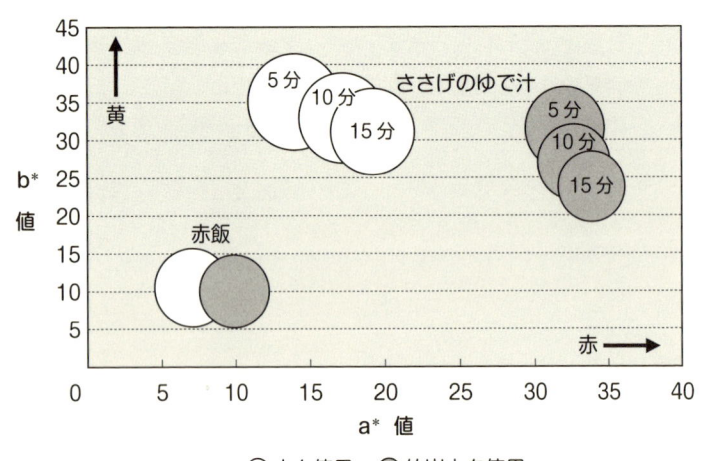

- 円の大きさはLの値を示す
- 5分/10分/15分：ささげ＋ゆで水→80℃に達してからの加熱時間
- 赤飯のゆで汁は15分加熱を使用、蒸し時間20分

図7-3　ささげのゆで汁と赤飯の色差計による測定結果

$L^*a^*b^*$表色系という方法で数値化して，測定したものである。色差計では，**明度はL^*，色相と彩度の色度はa^*，b^*で表さ**れる。a^*，b^*は中心から＋方向，－方向に延びており，a^*の＋方向は赤み，－方向は緑，b^*の＋方向は黄色み，－方向は青みを示している。図7-3には縦軸にb^*値（＋の値であったので黄色みを示す），横軸にa^*値（＋であったので赤みを示す）をとり，それぞれのサンプルの色の位置を示した。

　竹炭水でゆでたささげのゆで汁は**赤みを示すa^*値**が大きい。ゆで時間が長くなるにつれ，**黄色みを示すb^*値**が小さくなっていき，赤みがいっそう強調されることになる。ささげを水でゆでたゆで汁のa^*値は，竹炭水でゆでた場合の半分程度の値であった。これらのゆで汁を使った赤飯の色は，竹炭水赤飯の方がa^*値は大きく，赤飯の色の赤みも強くなっていることがわかる。口絵の写真6からも明らかに赤色の濃さの違いは観察できる。赤みの強い赤飯を作る方法としては，竹炭水でゆでた豆のゆで汁を利用することをおすすめしたい。

　赤飯は，一般的にはもち米を豆の煮汁につけておいて十分に吸水させた後煮汁と分離し，吸水させた米を40〜50分ほど蒸し加熱することにより調理される。もち米はうるち米より吸水量が多く，4時間程度の浸漬でほぼ飽和の吸水量に達し，米重量の約40％近くを吸水する。でんぷんの糊化には少なくとも30％程度の水が必要とされているが，もち米は浸漬操作だけで十分にこの量に達しており，このことがそのまま蒸しあげる調理法を可能にしている。ただし，吸水させた水分だけで加熱すると硬めに出来上がるので，途中で冷たい水を振りかけて，も

ち米に吸水させる**振り水**という操作を加える。振り水を行うといったん米粒表面の温度が下がり，水は米粒に吸収される。このようにして米に対する加水量を増やしていく。好みに応じて振り水の回数を調整するが，一般的には2～3回行われることが多い。**振り水の回数が多くなるほど，赤飯は軟らかくなる。**しかし，振り水による吸水量は正確に特定できないため，米に対する加水量は曖昧になってしまうことと，水が全体に均質に行き渡らず，**しあがりにむらができるのが**，この方法の欠点である。

加水量を正確にした赤飯を作るには，**飽和の吸水量に達した後に残っている水を，加熱しながらすべて米に吸収させてしまう方法**（加熱吸水法）がある。米が吸水を終えた時点で直ちに蒸し加熱を行い，振り水は行わずそのまま蒸しあげる。この方法では加水した水がすべて米に吸収されるということで，加水量は正確に決まる。口絵の写真6に示した赤飯はこの加熱吸水法によって調製したものである。

赤飯の作り方

（1）振り水法

1. あずき，あるいはささげの煮汁にもち米をつけて十分に吸水させる。煮汁と米の重量比は1：1とする。
2. 飽和の吸水量に達したら，米をざるに上げて水切りし，蒸し器で40～50分蒸す。残ったつけ汁は振り水として使用する。蒸し加熱途中で2～3回に分けて振りかける。この時，米は吸水して重量が増し，赤飯は軟らかくなる。

(2) 加熱吸水法
1. 振り水法と同様に,もち米を豆の煮汁につけて吸水させる。
2. 飽和の吸水量に達したら,そのまま鍋に入れて攪拌しながら90℃まで加熱する。この時点でゆで汁はほとんどもち米に吸水されるので,その後は振り水を行うことなく蒸し加熱できる。

※ 加熱吸水法は振り水法に比べて吸水が均一に行われるので,むらなくしあがる。

● 参考文献 ●
- 貝沼やす子,福田靖子:竹炭による米飯の性状改善効果,日本調理科学会誌,**35**(2),139-147,2002
- 貝沼やす子,福田靖子:竹炭による赤飯の軟化及び着色効果,日本調理科学会誌,**38**(2),118-126,2005

第8章
ごはん以外への
利用とその可能性

米ペースト入りパン　いろいろ…。
（展示会，試食会でPR）

1 米粉としての利用

1. 米粉の種類

　米の胚乳部は非常に硬く，粉砕して粉には加工しにくいため，主要な食べ方としては粒食のごはんであった。しかし，くず米や余剰米などは粉に加工され，粒食とは違った食べ方として定着し，現在に至っている。粉の形態にすることによって，吸水は速まり，他の副材料の混合も可能となり，粒食とはまた違った食文化が形成されてきている。ただ米粉に含まれるたんぱく質は，小麦粉と違ってグルテンを形成しないため，パンや麺には向かず，和菓子や米菓等の材料として使われてきた。

　米の粉から作られる製品を図8-1にまとめた。生米を粉にして作られるのが生米製品（β-型）であり，うるち米から作られる粉が**上新粉**，もち米から作られる粉が**白玉粉**である。上新粉からは団子や柏餅，草餅，ういろうなどが，白玉粉からは白玉団子やぎゅうひなどが作られている。上新粉と白玉粉では原料となる米の種類が異なるため，調理加工上の特性および最終製品の食味が異なってくる。

　米粒を加熱処理後，乾燥，粉砕した糊化製品（α-型）も数多く作られており，身近な例としては，糊化させたもち米を乾燥後粗く粉砕した**道明寺粉**があげられる。道明寺粉からは桜餅やおはぎなどが作られている。

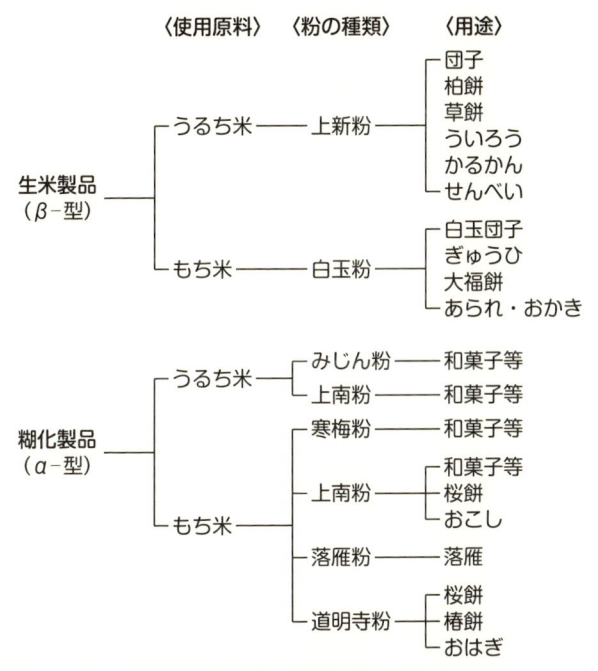

```
〈使用原料〉  〈粉の種類〉   〈用途〉
                              ┌ 団子
                              ├ 柏餅
          ┌ うるち米 ── 上新粉 ├ 草餅
          │                    ├ ういろう
生米製品  │                    ├ かるかん
(β-型)   │                    └ せんべい
          │                    ┌ 白玉団子
          │                    ├ ぎゅうひ
          └ もち米 ── 白玉粉  ├ 大福餅
                              └ あられ・おかき

          ┌ うるち米 ┬ みじん粉 ── 和菓子等
          │          └ 上南粉 ── 和菓子等
          │          ┌ 寒梅粉 ── 和菓子等
糊化製品 │          │            ┌ 和菓子等
(α-型)   │          ├ 上南粉 ──┼ 桜餅
          │          │            └ おこし
          └ もち米 ──┤ 落雁粉 ── 落雁
                      │            ┌ 桜餅
                      └ 道明寺粉 ─┼ 椿餅
                                  └ おはぎ
```

図8-1　米粉の種類と主な製品

2. 米粉の調理

　米粉はでんぷんが主成分であり，水分を14％程度含む。粉自身の水分ではでんぷんを糊化できないため，水を加えて調理される。粉に加える水の量は目的とする調理によって変化するが，**米粉の85〜100％の範囲**で使われる場合が多い。上新粉にはうるち米の性質が，白玉粉にはもち米の性質がそのまま引き継がれ，白玉粉で作った菓子には餅と似た食感がでる。上新

粉の場合は糊化させた生地をこねることによって白玉粉とは異なった食感を得ることができる。

　上新粉あるいは白玉粉いずれの場合も、手で丸める操作ができる程度の硬さに調製した生地から団子を作ることができる。上新粉から作るみたらし団子、白玉粉から作る白玉団子の作り方を図8-2にまとめた。

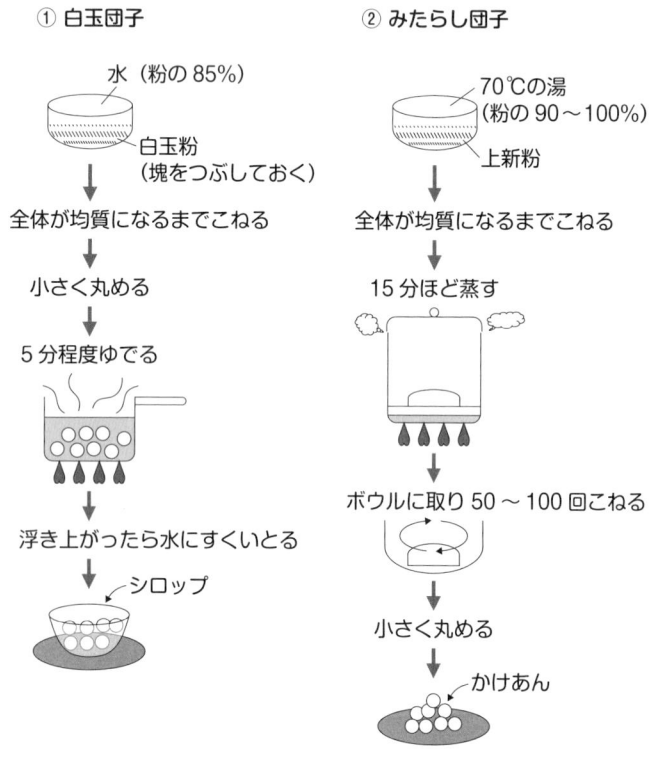

① 白玉団子

水（粉の85%）
白玉粉（塊をつぶしておく）
↓
全体が均質になるまでこねる
↓
小さく丸める
↓
5分程度ゆでる
↓
浮き上がったら水にすくいとる
シロップ

② みたらし団子

70℃の湯（粉の90～100%）
上新粉
↓
全体が均質になるまでこねる
↓
15分ほど蒸す
↓
ボウルに取り50～100回こねる
↓
小さく丸める
かけあん

図8-2　白玉粉・上新粉からの団子の作り方

白玉団子は加水してこね，成形して5分程度ゆでれば出来上がりであるが，みたらし団子は米粉を糊化させるために15分程度蒸した後，**こねる操作**が加わる。この操作によって細かい空気が生地に取り込まれ，軟らかくて弾力があり，歯切れもよい団子ができる。**上新粉の一部を白玉粉に置き換えると，こね操作を行ったのと同じ効果が期待でき，軟らかい生地になるので**，白玉粉を混ぜて作られることもある。

　また，米菓は米粉に水を加えてこね，薄くのばして乾かした後，火であぶりながらしょうゆを主とした調味料を塗ってしあげる干菓子の総称である。うるち米の粉で作ったのが"せんべい"，もち米で作ったものは"あられ"あるいは"おかき"と呼んでおり，**水分10％以下ででんぷんの老化も起こりにくく，日持ちのよい米の加工品**である。

2　米をペースト状にして利用

1．米のペーストとは？

　米の胚乳部は硬く，粉砕して粉にするには大変なエネルギーと時間が必要となる。そのために米粉は米よりも高い値段で販売されており，高価な食材となっている。粉砕して粉にする従来の方法よりも，簡便で安価な方法を模索した結果，米を水につけたままの状態でつぶし，それを乾燥させずにそのまま使うという方法に思い至った。水に浸漬して吸水させた米粒は軟ら

かくなり，つぶしやすくなっていることは日常的に経験するところであり，この性質をそのまま利用することになる。実際，現在行われている米粉の調製法のひとつとして，米に水を含ませてから粉砕するという方法があるが，その後乾燥という操作が入ってくるため，できるだけ少ない水分を与えた状態で粉砕している。

　今回新たに提案する**米ペースト**は，**米を米と同重量の水に浸漬して十分に軟らかくしておいてから，水をたっぷり存在させたそのままの状態で磨砕するという方法**である。十分な水が存在することで，簡単に粒状化させることができ，微粒が水に分散していき，写真8-1に示したようなペースト状の物質になる。乳鉢と乳棒を使った手動磨砕ではペースト状にはなるものの，粒度が粗く，適切ではなかった。**本章**で述べる米ペーストとは，マスコロイダーという機器を使って調製したものをいう。

　米に加える水の量は，米と同重量かその前後の量が適量であった。**水が米の重量の80％を切ると次第に磨砕しにくくなり，**

写真8-1　米ペースト

粒度も粗くなっていった。この多量の水を含んだペーストの状態で、乾燥させることなくそのまま使えば、コスト的にも低く抑えることができる。冷凍保存しておけば長期保存は可能であり、解凍後も、冷凍前のペーストとほとんど変わらない状態であった。

2. 米ペーストの特性

1. の方法で調製した**米ペースト中には米でんぷんが単粒の状態で分散**していた（写真8-2-①）。複粒になっている部分もみられたが、図8-3に示す粒度分布では、米でんぷん単粒の平均的な粒径である約5μmのあたりに大きなピークをもち、ほとんどが単粒となっていることを示して、かなり均質な状態であることがわかった。乳鉢使用の場合は約5μmのあたりにピークはあるものの、1,000μmあたりにも大きなピークがみられ、手動での磨砕はかなり粗いものであることが示された。

一方、**米粉**の方は写真8-2-②に示すように、ほとんどが**複**

でんぷん単粒

① 米ペースト　　　② 米　粉

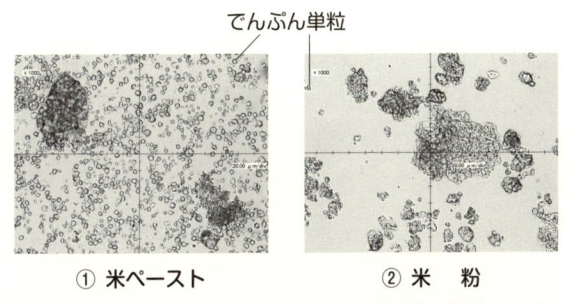

写真8-2　米ペーストと米粉の粒子を顕微鏡で観察した結果

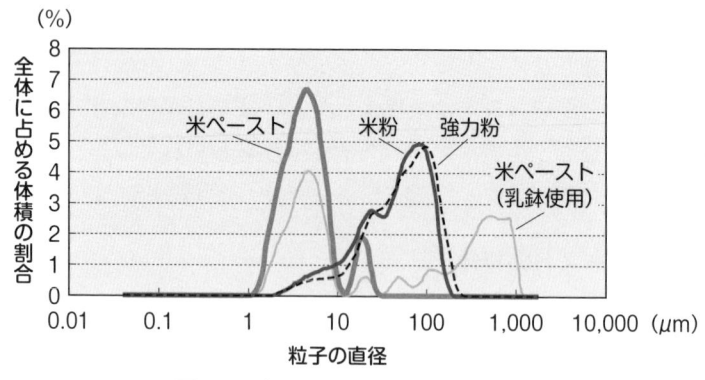

図8-3 米ペーストと米粉の粒度分布

粒から構成されており，形もさまざまであった。粒度分布も米ペーストよりはかなり大きい粒径のところにピークがある。これらの結果から，粒の細かさ，均一性においては，米粉よりも米ペーストの方が一段と優れていることがわかった。

米粉と米ペーストの粒度分布の違いは，米に対する吸水率に影響を及ぼしていた。米ペーストはそのまま，米粉には米ペーストと同じ割合で水を加えていったんペースト状にした後，遠心分離器にかけて一定条件で水を分離したとき，米粉には多くの水が残っていた（図8-4）。**複粒が多い米粉では，単粒同士がくっつきあった間にできた隙間に水が取り込まれ，離れにくい状態になっている**のではないかと考えられた。

一方で，米ペーストには残存している水分が少なく，米粉よりも水を取り込みにくい性質を有していることが示された。**米ペーストはほとんどが単粒であるため，米粉のような隙間はで

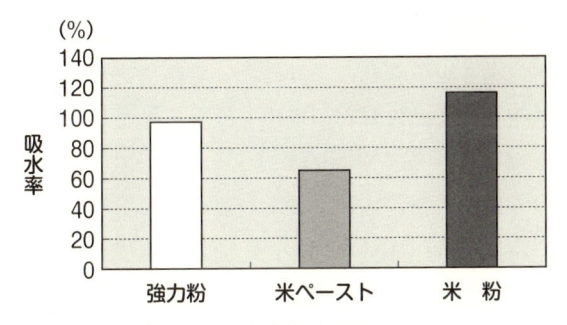

```
(%)
140
120
100
 80
 60
 40
 20
  0
      強力粉    米ペースト    米 粉
```
吸水率

● 米あるいは粉に対する加水量は120%
● 3,500 rpmで30分遠心分離後の残存水分量の粉または米の重量に対する割合で算出

図8-4　粉あるいは米ペーストの吸水性の比較

きず，水を拘束する場所が少ないためではないかと考えられる。

このような性質の違いは，加水後の水の挙動に影響を与えることが予測される。

3　小麦粉調理における代替利用

　日本の食料自給率は戦後低下の一途をたどり，60年以上を経過した2010（平成22）年頃には40％近くにまで落ち込んでいる。米は日本人の主食であり，自給率向上のための重点品目として期待されている。しかし，粒食としての米の消費には限界があるとの考えから，粉食利用への道が検討され，米の加工品である米粉の利用についても注目されるようになってきた。大部分を国内で生産している米は安定した価格で供給体制を確立

できる等のメリットがあることから，米粉を小麦粉の代替として利用する動きがみられるようになってきている。

　米粉は粉としての性質が小麦粉とは全く異なるため，パン等に加工した場合も多くの問題が発生しているのが現状である。小麦粉の一部を米粉に代替させてパンに加工する際の最も大きな問題点は，図8-4（p.137）に示したように，米粉は水を取り込む性質が強いということであった。米粉と小麦粉を混合した中に水を加えた場合，米粉が先に多くの水を吸ってしまい，小麦粉に配分される水は必要量より少なくなってしまう。小麦粉の吸水が十分に行われないと，**グルテンの形成**が進まず，結果的にパンの成績は低下する。米粉で代替するときには，水加減が大変難しくなってくる。

　一方で，2（p.133参照）で紹介した米ペーストは，米粉とは違って水を離しやすい性質をもっており，小麦粉のこね水は確保されやすいことが示された。特に，グルテン形成にかかわると考えられるフリーの水分は米ペーストに多いことが予測されたため，小麦粉代替でさまざまな食品に加えたときに，米粉とは違った挙動を示すものと考えられる。

1. パンへの米ペーストの利用

　米ペーストをパン生地に代替利用することを試み，米粉を代替添加した場合と比較した。米相当量で小麦粉の30％代替となるよう米ペーストを添加，あるいは米粉を30％代替添加した食パン生地を調製し，生地の硬さと発酵による体積増加率を比較した。いずれの場合もグルテンの添加は行っていない。生

地の硬さの測定結果が図8-5，発酵による体積増加率の結果が図8-6である。米相当で30%となるよう米ペーストを添加した生地の硬さは，小麦粉100%生地とほとんど変わらない硬さであり，発酵中の生地の体積増加も小麦粉生地とほぼ同等あるいはそれ以上であった。一方，米粉を30%代替添加した生地は硬くて伸びが悪いためか，発酵中の体積増加も小さかった。

　この発酵中の体積増加率の差が焼成後のパンの膨化状態を左右し，発酵中の体積増加の少なかった米粉代替添加パンの焼成後の膨化は，写真8-3に示すように非常に悪かった。米ペーストを代替添加したパンは，小麦粉100%のパンよりも膨化状態はわずかに低下したが，米粉を30%代替添加した場合よりは一段と膨化は優れており，水を離しやすい米ペーストの性質

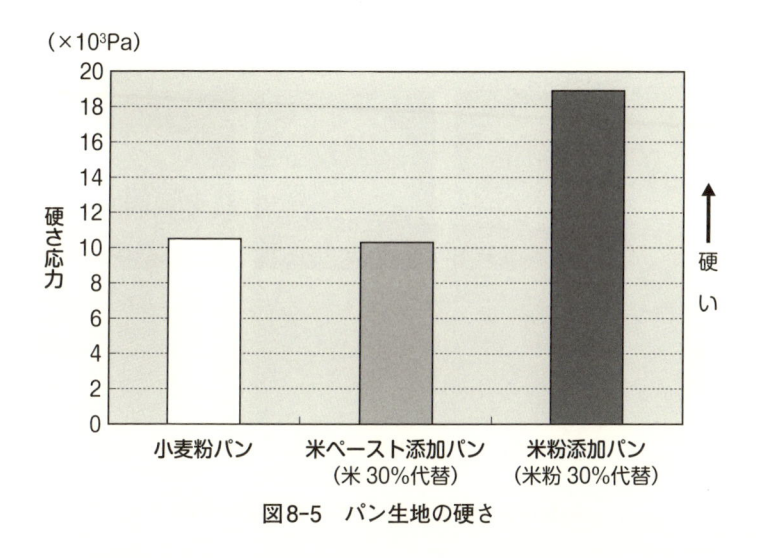

図8-5　パン生地の硬さ

体積増加率 (%)

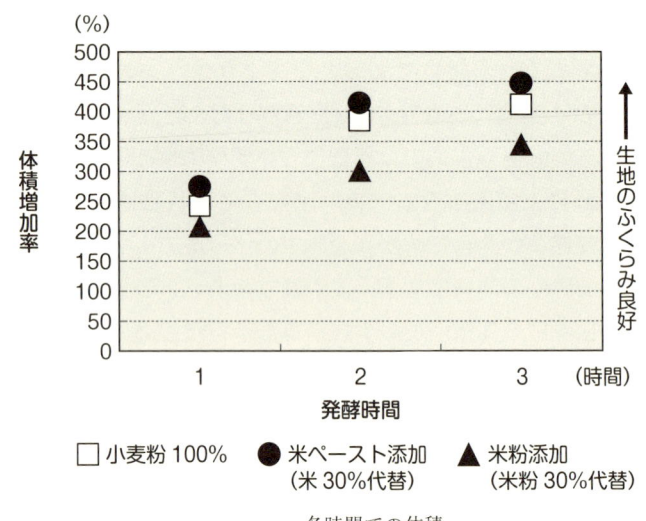

縦軸: 0, 50, 100, 150, 200, 250, 300, 350, 400, 450, 500
横軸: 発酵時間（時間） 1, 2, 3

↑ 生地のふくらみ良好

□ 小麦粉100%　● 米ペースト添加（米30%代替）　▲ 米粉添加（米粉30%代替）

●体積増加率 = $\dfrac{各時間での体積}{0時間での体積} \times 100$

図8-6　パン生地の発酵による体積増加率

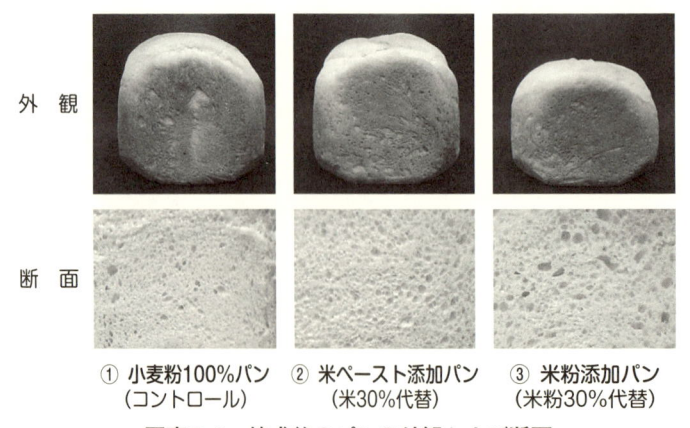

外観／断面

① 小麦粉100%パン（コントロール）　② 米ペースト添加パン（米30%代替）　③ 米粉添加パン（米粉30%代替）

写真8-3　焼成後のパンの外観および断面

が，小麦粉のグルテン形成を促進した結果と考えられた。

また，米粉代替添加パンの大きな問題点は，老化が早く，パンが硬くなることである。この点についても比較の実験を行ったところ（図8-7），**米ペーストを代替添加したパンは，パンを低温に保存した場合の硬さの変化が小さく，米粉代替添加パンよりも老化が抑制されている**ことも示された。

パン生地へ小麦粉に代替して添加する場合には，米粉よりも米ペーストの方が適している。とはいえ，さらに代替添加量を増していくと相対的に小麦粉の量が減少し，グルテン形成量が少なくなって膨化状態は低下していく。グルテン等の添加をせずに代替添加できる量は，食パンでは米相当量で40％程度までが限界であった。

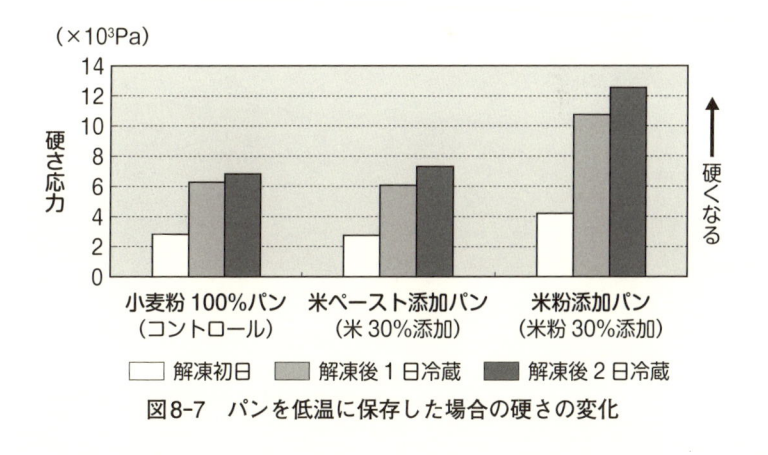

図8-7　パンを低温に保存した場合の硬さの変化

家庭で作る米ペースト代替添加パン

(1) 米ペースト

- 家庭用のコーヒーミルサーなどを使う。
- 米と水は同重量とし,両方合わせて容器の8分目量になるようにする。
- 2時間以上つけておく。できたら24時間くらいつけておくとつぶしやすい。
- 米粒が軟らかくなったら,ミルサーを1～2分回転させてすりつぶすと,とろりとしたペーストを得ることができる。
 (量が少ないと米粒が逃げてうまくつぶれない。)
 (米粒同士が擦れ合う位の量を入れるのがポイントである。)

(2) 食パン(1斤分)

- ドライイースト,砂糖,強力粉,脱脂粉乳,食塩,バター,水,米ペーストをホームベーカリーの型に入れ,食パンメニューの1斤用を選択して焼く。
- 強力粉,水以外はレシピ通りの量を準備する。
- 代替添加する米の量を決める。(米で30%代替まではOK)
- 強力粉は代替添加する米重量を差し引いた量にする。
- 水は本来加えるべき水の量から米に加える水の量を差し引く。
 (強力粉と米を合わせると,レシピに示された強力粉の重量となる。)
 (水も合わせるとレシピ通りの量となる。)

(3) ベーグル

- 米特有のもちもちした感じが合っている。
- 米重量で50%の代替添加は全く問題なし。
- 少し作業性は劣るが,代替添加率75%位までは可能であった。

━━━ **米ペースト代替食品の作り方①** ━━━

●**米ペースト50％代替添加ベーグル**

〈材料（6個分）〉

- 米ペースト　　　　200 g（米100 g）
- 強力粉　　　　　　100 g
- ドライイースト　　　3 g
- 砂糖　　　　　　　15 g
- 塩　　　　　　　　2.5 g
- スキムミルク　　　10 g
- バター　　　　　　20 g
- 水　　　　　　　　40 g

〈作り方〉

1. 材料をホームベーカリーに入れ，一次発酵まで行う。
2. 生地を取り出し，6等分して休ませる。
3. ベーグルの形にととのえ，片面ずつ約30秒ほどゆでる。
4. 約180℃に熱したオーブンで15分程度焼く。

2．麺への米ペーストの利用

　麺への米ペースト代替添加についても実験を行ったところ，米相当量50％添加までは可能であったが，50％添加ではグルテン量が減少するため麺線が切れやすい傾向にあった。作りやすさ，おいしさの点からは米相当量30％となる米ペースト添加麺がおすすめであった。米ペースト添加麺はややゆで細り傾向にあるが，小麦粉麺よりも短いゆで時間で済み，麺の色は白く，麺の弾力も十分にもち合わせていた。麺の場合は米粉と米ペーストでは大きな差異はみられなかった。

米ペースト代替食品の作り方②
●米ペースト50％代替添加麺
〈材料（1人分）〉
- 米ペースト　100 g（米50 g）
- 小麦粉　　　50 g
- 水　　　　　10 g
- 食塩　　　　1.5 g

〈作り方〉
1. 米ペーストに小麦粉，食塩，水を加えよくこねる。
2. 30分以上生地をねかせる。
3. 生地をのばして細く切る。
4. 沸騰している湯で5～6分ゆでる。
5. 冷水にさらし，ざるにとる。

3. その他の調理への米ペーストの利用

　米ペーストを使ったその他の調理例を以下に示す。いずれの場合も問題なく調理することができ，米ペーストを小麦粉に代替して使用することに大きな問題点はみられなかった。シュークリームは100％米ペーストでの作製が可能であり，小麦アレルギーの子どもたちには絶好のお菓子となろう。米ペーストは，その他の加水量が多い小麦粉調理で利用でき，代替可能な料理の幅は広い。

米ペースト代替食品の作り方③

●米ペースト75%使用パイ

〈材料（約15個分）〉

- 米ペースト　　　　　60 g（米30 g）
- 小麦粉（強力粉）　　10 g
- バター　　　　　　　30 g
- 打ち粉　　　　　　　適宜

〈作り方〉

1. 米ペーストに強力粉を加えながら生地をまとめる。
2. 2 cm角に切ったバターを1.に混ぜ込む。
3. 生地をのばして3つに折る。
4. 3.をのばしてまた3つに折る。
5. 3., 4.を数回繰り返した後，成形し，180〜200℃のオーブンで焼く。

●米ペースト100%シュークリーム

〈材料（4〜5個分）〉

シュー生地

- 米ペースト　50 g（米25 g）
- バター　　　25 g
- 全卵　　　　30 g

カスタードクリーム

- 米ペースト　70 g（米35 g）
- 砂糖　　　　40 g
- 牛乳　　　　160 g
- 卵黄　　　　2個

〈作り方〉

シュー生地

1. 鍋にバターを入れて火にかけ，沸騰したら一度コンロから下ろす。

3　小麦粉調理における代替利用

2. 1. に米ペーストをだまにならないように入れ，生地がまとまったら再び火にかけ，鍋に付かないくらいになったらコンロから下ろす。
3. ときほぐした卵を少しずつ2.に加える。
4. 3.を天板に絞り出し，180〜200℃で15分，160〜180℃で約5分焼く。
5. カスタードクリームを作り，焼き上がったシュー生地の中に入れる。

カスタードクリーム
1. すべての材料を鍋に入れよくかき混ぜる。
2. 火にかけ，とろみがつくまでしっかり加熱する。
3. 最後にバニラエッセンスを加えて冷ます。

●米ペースト30％添加アイスクリーム
〈材料（4個分）〉
- 米ペースト　　　　75g（米25g）
- 牛乳　　　　　　　175g
- 卵黄　　　　　　　2個
- 砂糖　　　　　　　60g
- 生クリーム　　　　50g
- バニラエッセンス　適宜

〈作り方〉
1. 米ペーストに牛乳を加え，よく混ぜる。
2. 1.を火にかけ，とろみが付くまで練り，ボウルに移す。
3. 別のボウルに卵黄と砂糖を入れ，白っぽくなるまで泡立てる。
4. 2.のボウルに3.を少しずつ加えてよく混ぜる。
5. 生クリームを別のボウルで7分立てしておき，4.に混ぜ込む。
6. 冷凍庫で固まるまで，数回スプーンでかき混ぜながら凍らせる。

4 多用途米の活用

 ごはん用以外への使用目的で,新しい品種の米が栽培されている。米粉等への加工用米や家畜の飼料用米であり,ごはん用としては食味に問題があるが,いずれも反当たりの収量は多い。耐冷性,耐倒伏性など栽培しやすい品種であることが多い。これらの米を食料用として活用することも食料自給率向上につながる。代表的な多収米品種には,ふくひびき,タカナリ,北陸193号などがある。農林水産省資料による多収米品種の栽培適地概略図を図8-8に示す。

 多収米は,たんぱく質や無機質の含量はやや多く,ごはんとしての食味はかなり劣るものと推察されるが,米ペーストにすると食味上位米よりも水の分離がよい(図8-9)。この性質は小

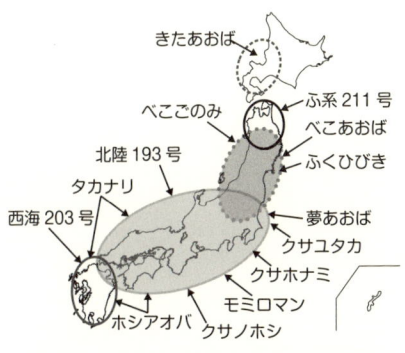

図8-8 多収米品種の栽培適地概略

麦粉に代替させる調理には好都合である。これらの多収米を米ペーストにして食パンを焼成したところ、いずれも問題なく膨化し、食味も良好であった。単価の安い米を利用できれば、小麦粉を上回らない値段で材料を入手できることになり、米粉はもちろんであるが、米ペーストに加工しての活用が大いに期待できる。

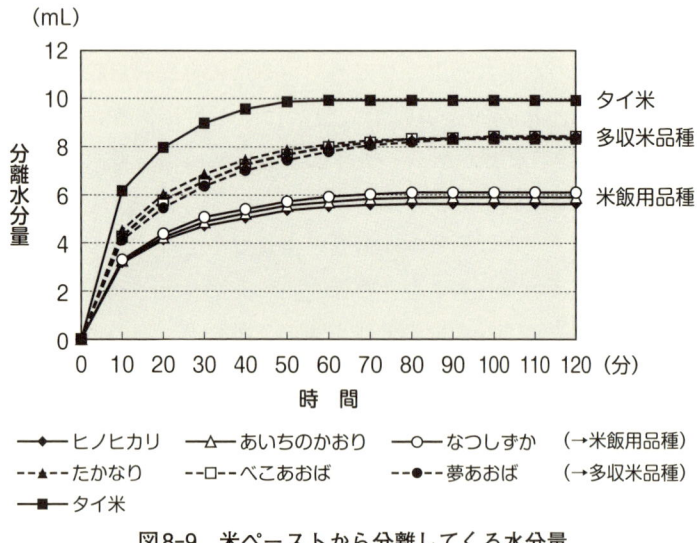

図8-9 米ペーストから分離してくる水分量

● 参考文献 ●
・貝沼やす子，田中佑季：米添加パンの調製にペースト状の米を利用する効果，日本食品科学工学会誌，**56**(12)，620-627，2009
・農林水産省：新しい多収品種—加工用米及び飼料用米等，新規需要米の生産に向けて，平成21年4月

さくいん

あ行

赤米	17
あきたこまち	16
あくまき	123
味付けごはん	50, 80
アミノカルボニル反応	123
アミロース	12, 14, 68, 75, 102
アミロプラスト	18
アミロペクチン	12, 14, 68, 75
（米を）洗う	39
アルファー化米	73
α-でんぷん	69, 75
アルミ鍋	104
稲作	2
いもごはん	84
インディカ	12
インディカ米	102
インド型イネ	12
うきイネ	6
うるち米	14, 75
えんどう豆ごはん	50, 84
お粥	9, 98
重湯	98, 99, 108
温度上昇期	52

か行

加水量	42, 43
カテキン	93
加熱吸水法	126
カフェイン	93
カリウム	119
間接炊き	99
γ-アミノ酪酸	17
GABA	17
吸水	45, 50, 54, 80
巨大胚米	17
くちなしごはん	94
くりごはん	84
グルコース	12, 68
グルテン形成	138
クロロフィル	90, 92
ケイ酸	3, 119
計量カップ	38
玄米	18, 22
高圧炊飯	22
高アミロース米	17
糊化	45, 51, 69, 119, 122, 123
糊化でんぷん	69
コシヒカリ	16, 102
古米	27, 90
古米臭	27, 76
米粉	8, 130
米トレーサビリティ法	34
米ペースト	133
五目ごはん	50, 80

さ行

最大氷結晶生成帯	109, 110, 111
さくら飯	50, 80
塩味ごはん	9, 50, 84
色差計	124
色素米	17
紫黒米	17
脂質の変敗	26, 27, 75
自動炊飯器	8, 51, 62, 64
ジャポニカ	2, 12
ジャポニカ米	102
主菜	4, 7, 20
主食	4, 8, 20
主要穀物	2, 5
上新粉	130
しょうゆ味ごはん	9, 50, 80
食味計	76
食料自給率	7, 137
白玉粉	130

汁物	4		胚乳	18
真空調理法	112		発芽玄米	17
新形質米	17		パック炊き	112
すし飯	9,85		パン(米ペースト)	138
精白米	18,24,75		PFC比	20
精米	23		備蓄米	31
精米機	23		ひとめぼれ	16
精米表示	32,33		ヒノヒカリ	16
赤飯	123		ピラフ	9
雑炊	115		品種	16,147
			副菜	4,7,20

た行

			分搗き米	24
炊き込みごはん	9,83		沸騰期	52,55
炊き干し法	9,43		沸騰時間	56
たくわえくん	32		プラントオパール	3
多収米	147		振り水	14,126
多用途米	147		ブレンド米	33
竹炭	118		米菓	133
ちまき	123		米穀等の取引等に係る情報の記録及び	
炒飯	9		産地情報の伝達に関する法律	34
茶飯	90		β-でんぷん	68,74
直接炊き	99		別炊き法	84
低アミロース米	17		保温	62
低グルテリン米	17		干し飯	73
電気炊飯器	65			
でんぷん	12,45,68,75,119,123		**ま行**	
搗精	18,23,75		ミセル構造	68
道明寺粉	130		蒸し煮期	52,56
とぎ汁	41		無洗米	25,28
(米を)とぐ	39		蒸らし	52,58
共炊きごはん	83		麺(米ペースト)	143
トレーサビリティ	32		餅	14
			もち米	14,125

な行

生でんぷん	68		**や行**	
菜飯	50,84		ゆきひら鍋	103
日本型イネ	12		湯とり法	43
糠	18,23,75			

は行

			ら行	
胚芽	18		L*a*b*表色系	125
胚芽精米	20,26		老化	56,63,70,73,119,122,133,141

「クッカリーサイエンス」刊行にあたって

　私たちは毎日，調理をした食べ物を食べているにもかかわらず，「調理科学」という学問分野が世に生まれたのは，第2次世界大戦後のことである。1949（昭和24）年に大学で"調理学"あるいは"調理科学"の授業が行われ始めた。1960（昭和35）年には「調理科学懇談会」として，1967（昭和42）年には「調理科学研究会」が学会の体制を整え，さらに1984（昭和59）年に「日本調理科学会」と名称を改め，調理に関する科学的研究の推進を目的とした学会が発足した。「調理科学」という，これまでになかった新しい学問分野は，よちよち歩きから大きく成長し，学会発足から40周年を迎えた。

　人はだれでも食べ物を食べて栄養素をとり入れ，生命を維持しているが，食べ物はそれだけにとどまるものではない。たとえば，生活の楽しみとなり，会話をはずませて共に食べる人との連帯感を強め，食の文化を継承させていくなど，さまざまな役割を果たしているのである。

　調理科学がとり扱う分野はこのような食生活にかかわりのある，献立をたて，食品材料を集め，調理操作を加え，食卓にのせるまでのきわめて幅広い領域を研究対象としている。この間の調理過程における化学的，物理的，組織学的変化をとらえること，味，香りやテクスチャーの評価，食文化までもが含まれ

ている。日本調理科学会の会員は，それぞれの分野で独自の研究を深め，幅広い分野で生活に密着した興味深い研究を行っている。その成果を社会に発信することは，学会の社会的貢献としての重要な役割であると考えている。

　創立40周年を契機として，日本調理科学会員の研究成果のそれぞれを1冊ずつにまとめ，高校生，大学生，一般の方々に，わかりやすく情報提供することを目的として，このシリーズを企画した。生活と密接に関連のある調理科学がこんなにおもしろいものであることを知っていただき，この分野の研究がいっそう盛んになり，発展につながることを願っている。

　2009（平成21）年

日本調理科学会刊行委員会

委員長　畑江敬子

江原絢子

大越ひろ

下村道子

高橋節子

的場輝佳

著者
貝沼やす子（かいぬま・やすこ）

- 1945年生まれ，広島県出身
- 1967年　お茶の水女子大学家政学部食物学科卒業
- 静岡女子短期大学講師・助教授，静岡県立大学短期大学部助教授・教授，静岡県立大学食品栄養科学部教授を経て，現在，静岡県立大学名誉教授
- 学術博士（大阪市立大学）

クッカリーサイエンス004
お米とごはんの科学

2012年（平成24年）8月25日　初版発行
2021年（令和3年）6月30日　第2刷発行

監　修　日本調理科学会
著　者　貝沼やす子
発行者　筑紫和男
発行所　株式会社 建帛社
　　　　KENPAKUSHA

112-0011 東京都文京区千石4丁目2番15号
TEL（03）3944-2611
FAX（03）3946-4377
https://www.kenpakusha.co.jp/

ISBN 978-4-7679-6167-5　C3077　　　　教文堂／田部井手帳
©貝沼やす子，2012．　　　　　　　　　　　Printed in Japan
（定価はカバーに表示してあります）

本書の複製権・翻訳権・上映権・公衆送信権等は株式会社建帛社が保有します。
JCOPY〈出版者著作権管理機構　委託出版物〉
本書の無断複製は著作権法上での例外を除き禁じられています。複製される場合は，そのつど事前に，出版者著作権管理機構（TEL 03-5244-5088，FAX 03-5244-5089，e-mail：info@jcopy.or.jp）の許諾を得て下さい。